PARAR

para vivir mejor

Javier García Campayo

PARAR

para vivir mejor

**Guía definitiva para liberarte
de la ansiedad y del ruido mental**

HarperCollins

Cualquier forma de reproducción, distribución, comunicación pública o transformación de esta obra solo puede ser realizada con la autorización de sus titulares, salvo excepción prevista por la ley.
Diríjase a CEDRO si necesita reproducir algún fragmento de esta obra.
www.conlicencia.com - Tels.: 91 702 19 70 / 93 272 04 47

Editado por HarperCollins Ibérica, S. A.
Avenida de Burgos, 8B - Planta 18
28036 Madrid

Parar para vivir mejor. Guía definitiva para liberarte de la ansiedad
y del ruido mental
© 2023, Javier García Campayo
© 2023, para esta edición HarperCollins Ibérica, S. A.

Todos los derechos están reservados, incluidos los de reproducción total o parcial en cualquier formato o soporte.

Diseño de cubierta: María Pitironte
Imagen de cubierta: Shutterstock
Maquetación: MT Color & Diseño, S. L.
Foto del autor: Lorenzo Izquierdo Muñoz

ISBN: 978-84-9139-980-3
Depósito legal: M-16056-2023

A mis hijos,
por ser como son.

Índice

Introducción:
¿Qué puedes esperar de este libro?

Vivimos tiempos complicados. Desde hace décadas los seres humanos estamos inmersos en problemas globales, como la sobrepoblación, el calentamiento global, el agotamiento de recursos, la extinción de especies, las tremendas desigualdades en la distribución de la riqueza y las migraciones masivas. En los últimos años se han añadido circunstancias de enormes consecuencias, como la pandemia de la COVID-19 y la guerra en Europa.

He podido observar que el ciudadano medio de los países desarrollados se encuentra al límite, invadido por una especie de pesimismo estructural y sumergido en un contexto inseguro y adverso, por lo que prefiere no escuchar las noticias diarias —casi todas negativas— y sigue adelante por inercia vital, aunque atrapado en el desánimo.

Pero esto no tendría que ser lo habitual, lo esperable en la mayoría de las personas. La historia de la humanidad es un rosario de situaciones adversas, guerras y desafíos. Sin embargo, pese a lo que puede parecer, siempre he defendido que vivimos en el mejor momento de nuestra especie, desde que somos conscientes de que somos humanos.

Nunca había existido tanta conciencia social en todos los sentidos. Nunca se habían defendido con tal intensidad los derechos de los oprimidos, de las mujeres y de otras personas discriminadas por razón de orientación sexual, raza, religión o ideología. Jamás se había visto semejante preocupación por el trato a los animales, por la sostenibilidad del planeta, por la justa distribución de la riqueza o en defensa de la democracia.

Por otra parte, nunca había existido tanto progreso tecnológico y económico, que nos permite disfrutar de más tiempo de ocio y liberarnos de las penosas tareas que hemos tenido que asumir a lo largo de la historia. Y el desarrollo de la psicología y de la psiquiatría ha facilitado que técnicas psicológicas que permiten vivir mejor al ser humano y disminuir su sufrimiento se encuentren al alcance de todos.

Por esto lo natural y lo esperable sería que fuésemos mucho más felices. Y que disfrutásemos de un bienestar mayor del que percibimos, porque, pese a algunas circunstancias adversas con las que siempre hemos coexistido, vivimos en el mejor de los tiempos posibles. De eso va este libro y eso es lo que puedes hallar en él.

Nos encontramos ante una guía sencilla, que trata de ser amena y que nos descubrirá, progresivamente y de una forma práctica y reglada, cómo hacernos conscientes de nuestro malestar para ir eliminándolo y generarnos más bienestar. Veremos en él los fundamentos teóricos del funcionamiento de la mente humana, tarea que acompañaremos con fáciles ejercicios psicológicos que nos ayudarán a cambiar. Todo ello aderezado con casos de personas reales que ilustran lo que se comenta y de parábolas extraídas de las tradiciones de la sabiduría de la humanidad, que nos servirán de guía.

Para concretar, los capítulos 1 y 2 nos permitirán realizar un autochequeo mental: intentaremos descubrir por qué vamos siempre corriendo y por qué sentimos que todo lo que hacemos es muy importante, para después conocer cómo afecta la agitación de la mente a la salud del cuerpo. En el capítulo 3 reflexionaremos sobre uno de los grandes temas de la humanidad: ¿dónde deberíamos buscar la felicidad, en objetos externos, como nos recomienda la sociedad de consumo, o dentro de nosotros mismos?

El capítulo 4 nos adentrará en la clave del bienestar, el acallamiento progresivo de la mente, la calma interior. En esta última se basa cualquier crecimiento posterior, y el *mindfulness* es la herramienta perfecta para lograrlo. Una vez calmados, podemos descubrir cómo generamos continuamente sufrimiento de forma innecesaria con todo lo que nos decimos, y lo conseguimos con la autocompasión, como veremos en el capítulo 5. Abordaremos en el capítulo 6 los problemas, constantes compañeros en la vida, entenderemos qué son y lo subjetivo que es dicho concepto y aprenderemos la mejor técnica que existe para resolverlos. Ya en el capítulo 7 analizaremos que, en muchas ocasiones, aunque intentemos solucionar situaciones de manera eficaz, no siempre las vamos a poder cambiar. En esos casos, la aceptación, que también es una técnica psicológica, es lo más indicado para sufrir menos.

Tras la sección destinada a disminuir nuestro sufrimiento, el último grupo de capítulos lo dedicaremos a aumentar el bienestar. En el 8 nos familiarizaremos con las técnicas de la psicología positiva y plantearemos cómo ser más felices en el día a día de forma sencilla. El capítulo 9 se centrará en uno de los temas nucleares para la felicidad duradera: el sentido de la vida. Nos preguntaremos qué es y cómo podemos encontrar nuestro propósito y alinearnos con él, porque se trata de un elemento fundamental. Y acabaremos, en el capítulo 10, reflexionando sobre el viaje increíble que es la vida y con una alegoría a partir de la peregrinación más famosa de Europa desde el medievo, el Camino de Santiago. Revisaremos las claves para no perdernos y seguir siempre comprometidos con nuestro bienestar y el de los demás.

Este es el mapa y el destino. Ahora, realicemos el viaje.

1
¿POR QUÉ VAMOS SIEMPRE CORRIENDO?

Conócete a ti mismo.
Aforismo griego escrito en el templo
de Apolo, Delfos

L a cultura occidental moderna descansa sobre la civilización griega, de la que nacieron la filosofía, la democracia y muchos aspectos de nuestra visión del mundo. Uno de los pensamientos más famosos de la cultura helena y que se ha transmitido a la posteridad es la frase con la que arranca el presente capítulo: «Conócete a ti mismo». Eso es lo que vamos a intentar a lo largo del libro, porque solo se puede cambiar lo que se conoce.

MIRA A LA GENTE QUE PASEA POR LA CALLE

Seguro que lo has hecho a menudo: sentarte en un banco y empezar a observar a la gente que pasa por la calle. ¿Qué ves?

Yo lo he practicado muchas veces. Uno podría pasarse horas así: mirando a los demás, intentando adivinar lo que piensan, tratando de entender sus vidas. Sobre todo me interesa cuando estoy en grandes ciudades como Madrid,

Barcelona, Londres y París. Y me gusta que sea en horas punta. ¿Sabes por qué?

Cuando era pequeño solía hacerlo con mi padre. Mi padre tenía que tratar con personas, dirigir gente, y le preocupaba entenderlas. Me invitaba a que, sentado en un banco en una calle concurrida, mirase las caras de quienes pasaban e intentase imaginar qué sentían y qué les rondaba por la cabeza. Yo observaba y me contaba fantasías sobre qué estaría pensando ese señor con bigote y cartera o aquella joven que parecía despistada. Nunca supe si mis historias sobre ellos eran ciertas, pero lo que siempre le comentaba a mi padre era: «¿Por qué van tan deprisa?».

Curiosamente mi padre se reía. No era eso lo que me quería enseñar: quería que aprendiese a leer las caras de las personas para poder entenderlas. Él no percibía la prisa de la gente, y yo no comprendía por qué. Conforme crecía, dejé de mirar a otros en la calle. Las pocas veces que lo hacía, recordaba que, cuando era pequeño, lo que más me llamaba la atención era lo deprisa que iba todo el mundo. Sin embargo, de mayor ya no me daba cuenta de lo que corrían los demás. Me pasaba igual que a mi padre. Y entonces lo entendí: supe por qué mi padre no los veía correr. Y por qué, ahora que yo era mayor, tampoco lo percibía. ¿Imaginas la razón? Iba ya a la misma velocidad que ellos, corriendo también. Algo que no me ocurría cuando era pequeño. Los niños tienen una visión clara del mundo que se pierde con la edad.

Es posible que a ti te ocurra lo mismo. Que ya no te des cuenta de que la gente va continuamente corriendo. Y no te das cuenta porque tú también lo haces: corres a la misma velocidad que ellos, y por eso no notas la diferencia.

Pero la idea de mi padre era muy buena, tanto que te invito a que observes a esas personas que van por las calles, ya que son exactamente iguales que tú y que yo. Y ¿por qué te recomiendo que lo hagas? Porque, para los seres humanos, es mucho más fácil darse cuenta de lo que les pasa a los demás que hacernos conscientes de lo que nos sucede a nosotros, aunque todos experimentemos lo mismo. Ya lo dice el famoso refrán castellano que afirma que «es más fácil ver la paja en el ojo ajeno que la viga en el propio». El motivo es que nos hemos acostumbrado a lo que nos ocurre a nosotros y creemos que eso es lo habitual, lo normal. Pero, si eso mismo lo observamos en otra persona, es más fácil que nos llame la atención.

Si miras la cara y el cuerpo o la conducta de las personas que van siempre corriendo, encontrarás caras tensas, frentes fruncidas, labios que se aprietan. Los cuerpos también se mostrarán rígidos, con exceso de tensión en casi todos sus miembros. Y también comprobarás que la gente está impaciente. Si tienen que esperar en la acera a que el semáforo se ponga en verde o deben enlentecer el paso porque quien camina delante no corre lo suficiente, esto les suele producir una oleada de malestar, un gesto en la cara de desagrado, pues sienten que llegan tarde. Las personas parecen estar poseídas por una sensación general de insatisfacción, de que las cosas no van como quieren.

También notarás que siempre hacen cosas, no pueden estar sin hacer nada. Mientras caminan por la calle, suelen escuchar música con los AirPods o mirar el móvil. Si conducen de camino al trabajo, tienden a poner la radio. Cuando llegan a casa, les gusta encender la televisión como ruido de fondo, aunque ni siquiera les interese lo que programan: quieren sentirse acompañados. Si comen solos, realizan cualquier otra actividad, como ver la televisión o hablar con alguien. Y en cualquier tiempo muerto, mientras esperan el autobús o están sentados en la consulta del médico, buscan en el móvil vídeos de Instagram, TikTok o Facebook. Siempre necesitan un estímulo, porque tienden a aburrirse a los pocos segundos de no hacer nada. Observa si tu vida también es así. Trae a tu mente situaciones en las que ejecutas dos acciones a la vez o en las que te aburres si no haces nada.

¿QUÉ PIENSAN LAS PERSONAS QUE VAN SIEMPRE CORRIENDO?

Para saber lo que piensa esa gente con tanta prisa no me ha hecho falta jugar al entretenimiento que me enseñó mi padre, el de mirarlos y adivinar lo que piensan. Me ha bastado con ejercer mi profesión de psiquiatra. Entre el 20 y el 30% de las consultas que atiendo cada día son con personas que van siempre corriendo. Lo que cuentan es que continuamente están pensando en algo, hablando con ellas mismas, organizando planes, poniéndose tareas y exigiéndose hacer cosas. Generalmente tienden a ser perfeccionistas, por lo que jamás están satisfechas con las actividades que realizan y nunca sienten que acaba la lucha. Por la noche todo es mucho peor: al no haber estímulos externos como la radio, la televisión, el móvil u otras personas, se quedan a solas consigo mismas y los pensamientos se apoderan de ellas.

Entonces se agolpan las preocupaciones por lo que no se ha hecho bien ese día y por las obligaciones del día siguiente. Tratan de planificarlo y de controlarlo todo, de modo que el insomnio está asegurado. Y desean que la noche pase rápidamente, pero cuando se despiertan se inicia una nueva jornada de lucha, de preocupaciones, de prisas. Así, un día y otro, sin tregua. Una de las personas a la que le ocurría esto era Ana.

Ana o la necesidad de estar siempre corriendo

Cuando vino a mi consulta, Ana tenía treinta y cinco años. Era cajera de supermercado y tenía dos hijos, de tres y cinco años. La razón de acudir a mí —y la frase con la que se presentó— fue esta: «Siempre voy corriendo». Por supuesto, en su oficio debía estar casi siempre corriendo, dada la gran cantidad de clientes que acudían a la tienda. Sin embargo, cuando era más joven se tranquilizaba al volver a casa. Conforme fueron llegando los niños, el trabajo se multiplicó, y había muchas más cosas que hacer también en el hogar, con lo que terminaba agotada. El fin de semana no era un alivio, pues lo utilizaba para rematar todas las actividades pendientes. Al final, hasta las vacaciones se habían convertido en una fuente de malestar y no había ningún momento de su vida en el que desconectar y sentirse bien. Había colapsado y por eso estaba en la consulta.

La experiencia de Ana no es excepcional: es la de millones de personas cada día en todos los países del mundo. Son vidas en las que no se puede parar, donde no hay un momento de descanso, en las que nunca se acaba la pelea, la lucha, el esfuerzo. ¿Te has sentido alguna vez así? Céntrate en alguna situación concreta como ejemplo.

Al final de la consulta, Ana me preguntó si lo que le pasaba era normal o si tenía alguna enfermedad o algún problema. Le dije que sí, que era normal si por *normal* entendía *frecuente,* ya que lo que estaba sufriendo le ocurre a casi la cuarta parte de la población. Pero también le contesté que no era normal en el sentido de que no es el estado ideal del ser humano. Porque nuestro destino no es vivir siempre tensos, preocupados, en guardia o sin descanso, sino sentirnos tranquilos, felices y en plenitud.

Le informé de que lo que estaba experimentando era estrés, que por eso se encontraba así y que esa situación tenía remedio.

El estrés: La pandemia silenciosa del siglo XXI

La mayoría de las pandemias que hemos sufrido a lo largo de la historia, como la reciente de la COVID-19, son fáciles de identificar. Por eso todo el mundo es consciente de ellas y trata de tomar medidas para protegerse, como usar mascarillas, geles, vacunas o incluso fármacos antivíricos. Pero existe una que ataca a más del 20% de la humanidad y que, curiosamente, casi nadie tiene en cuenta. Las personas no son conscientes de que la están padeciendo. Por eso no se defienden de ella y no piden ayuda. Esa pandemia es la del estrés: la pandemia silenciosa del siglo XXI.

Pero ¿por qué es silenciosa? ¿Por qué es tan difícil darse cuenta de que se padece estrés? Básicamente por dos razones: la primera, porque el estrés apenas produce molestias o síntomas de ningún tipo, sobre todo al principio; la segunda, y más importante, porque se produce muy poco a poco. Y los seres humanos tenemos facilidad para acostumbrarnos a cualquier cambio si este es progresivo.

Si te gusta cocinar, es posible que sepas que lo recomendable es cocer las langostas y los bogavantes vivos. La causa es que el sabor y la textura son mucho mejores; además, de esta forma se evitan intoxicaciones alimentarias. Se suelen cocinar en agua hirviendo, por lo que la langosta se retuerce y se resiste de modo salvaje: sabe que va a morir, de ahí que dicha práctica esté prohibida en algunos países, como Suiza (Woody Allen reflejó este momento en su película *Annie Hall,* donde intentaba darle un tono gracioso, aunque es cierto que el animal sufre enormemente). Sin embargo, si hacemos la langosta partiendo de agua fría y luego calentándola progresivamente, como se cuecen las lentejas y las alubias, la langosta apenas se resiste, ya que no se produce el choque de temperatura que ocurre al entrar en el líquido hirviendo: el animal se adapta, no es consciente de que se está cociendo y no lucha antes de morir. Parece increíble, ¿verdad?

Pues bien, eso nos ocurre a los seres humanos con el estrés, con la ansiedad y con la depresión, los tres, fenómenos muy asociados y progresivos. Casi nunca pasamos bruscamente de estar bien a padecer un intenso estrés o una fuerte depresión, sino que el proceso es paulatino, y puede durar años. Por eso no nos damos cuenta de lo que está ocurriendo: nos cocemos en nuestro propio caldo, como la langosta.

Luisa o la imposibilidad de hacerse consciente del estrés

Luisa es una amiga mía, médico de familia. Hace algunos meses, después de la pandemia, me pidió que tomásemos un café. Como a muchos profesionales sanitarios del mundo, durante la pandemia le había tocado afrontar situaciones muy difíciles. Quería verme para hablar de nuestras vidas, como hacen de vez en cuando los amigos, pero también para preguntarme mi opinión sobre lo que le pasaba. Me comentó que llevaba semanas durmiendo mal, que no se concentraba bien y que estaba, a menudo, cansada. También se irritaba con facilidad, tanto en el trabajo como en casa, con su familia.

Yo no acababa de dar crédito. Luisa es una de las mejores profesionales de su especialidad que he conocido. Me han llegado muchos pacientes suyos satisfechos por los buenos tratamientos recibidos, en enfermedades tanto físicas como psicológicas. Y ahora me preguntaba algo tremendamente sencillo y obvio. Pero no podía verlo porque no le ocurría a otra persona: esta vez le sucedía a ella.

Como solemos hacer los psicoterapeutas no le contesté directamente, sino que le devolví la pregunta: «¿Tú qué crees que te ocurre?».

—He llegado a pensar que podría ser estrés —me contestó.

—Y ¿qué es lo que te hace dudar? —volví a interrogarla de nuevo, sin responderle de forma directa.

—Que nunca creí que esto me podía pasar a mí.

¿Qué opinas? Si una médica competente, con años de experiencia, es incapaz de hacerse consciente de que ella misma tiene estrés, ¿no crees que lo mismo le puede pasar a mucha más gente? Quizá a casi todo el mundo, porque la mayoría no cuenta con conocimientos de medicina. ¿Sabes de alguien al que le haya pasado? ¿Que estuviese padeciendo estrés o depresión sin ser consciente y, sin embargo, su situación fuese obvia para familiares y amigos? Dedica un momento a pensar en escenarios similares y en lo difícil que es darse cuenta de lo que ocurre. Una de las claves para entenderlo me la dio la misma Luisa: creer que eso les pasa a otras personas, pero que nunca nos podría pasar a nosotros.

UN TEST DE ESTRÉS SENCILLO: ¿PUEDES PARAR O SIEMPRE TIENES COSAS IMPORTANTES QUE HACER?

Luego contestaremos a un pequeño test de varias preguntas para darnos cuenta de si sufrimos estrés. Pero una de las pruebas más sencillas y breves es una pregunta que suelo formularles a los alumnos en los cursos de *mindfulness* y a los pacientes en la consulta. La pregunta es: «¿Puedes estar una tarde entera sin hacer nada y no sentirte mal o culpable por ello?».

¿Qué responderías?

Es curioso, porque, en mi experiencia, la gente se divide ante este interrogante en dos grandes grupos:

— Unos te miran con indiferencia e incredulidad y afirman con absoluta convicción que, por supuesto, sí podrían. ¿Cómo no? Y que, de hecho, lo intentan siempre que pueden. No ven mayor mérito en ello. Aunque te cueste creerlo, estas personas suelen estar bastante sanas.

— Sin embargo, hay otro grupo que te observa atónito, como si fueses un extraterrestre, y te dice con incredulidad: «¿Cómo voy a querer eso? ¿Cómo voy a perder una tarde entera sin hacer nada? Quizá otros sí, según la vida que lleven —dando a entender, con cierta superioridad, que deben de vivir ociosos—, pero yo no puedo perder el tiempo de esa forma, estoy demasiado ocupado».

La mayoría de la gente con estrés llama *perder el tiempo* a los espacios dedicados a *mimarse* o a disfrutar de la vida. Por eso, precisamente, les cuesta tanto cuidarse y ser felices: no disponen de tiempo.

¿Sabes por qué las personas que corren no tienen tiempo para ser felices? Porque siempre están ocupadas. Pero no en un tema cualquiera: solo están ocupadas en *cosas importantes*. Normalmente son los temas laborales los que más horas nos quitan. Pero también pueden ser otros aspectos, como la crianza de los hijos, el cuidado de familiares enfermos, las obras sociales o de conciencia ecológica y las aficiones en general. ¿Conoces a personas que te cuentan sus infinitas actividades y que enfatizan lo importantes que son todas ellas? Piensa en algún ejemplo: ¿cómo te sientes cuando las escuchas? ¿No es agotador? Sin duda, las actividades y tareas que hemos mencionado antes son importantes: el trabajo es lo que nos permite vivir y sacar adelante a nuestras familias; la crianza de los hijos es el futuro de la humanidad y una gran responsabilidad; cuidar a los seres queridos enfermos es pura compasión, y también esperamos que otros lo hagan con nosotros algún día, y la importancia del compromiso social o ecológico está fuera de duda. Entonces, ¿qué solución hay?

El problema de que todo sea importante —e igual de importante— es que uno nunca tiene tiempo. Porque el tiempo, como la vida en general, es limitado. Verás que quienes son incapaces de priorizar una cosa sobre otra tampoco pueden eliminar citas de su agenda ni delegar actividades para que las realicen otros: deben encargarse ellos mismos, que son personas importantes porque hacen cosas importantes. Observa este círculo vicioso.

La consecuencia es que otras actividades que hay que desempeñar para la propia supervivencia y que, lógicamente, también son relevantes, como dormir, comer, descansar, estar con la familia y los amigos o no hacer nada y aburrirse, son las que salen perjudicadas. Por eso el tiempo libre es un desafío más para la gente con prisa: cuando comen contestan mensajes de correo electrónico, mientras duermen se ponen audios para aprender idiomas y convierten las vacaciones en un curso intensivo sobre la cultura del país que visitan.

Por sus vacaciones es fácil identificar a estas personas. ¿No conoces gente que, cuando te cuenta las suyas, te estresa? Cada día tienen que visitar una larga lista de lugares históricos o de ocio, y si, por lo que sea, se pierden algo por falta de tiempo o por factores inesperados, se quedan con sensación de fracaso. Ni siquiera en vacaciones pueden descansar —que es el objetivo de ese período—: necesitan sacarles el máximo rendimiento, como hacen con el resto de su vida.

Para un momento y pregúntate si conoces personas así, cuyas vacaciones se convierten en un maratón de actividades que realizar. ¿Crees que disfrutan? Y, sobre todo, ¿crees que descansan?

Vivir corriendo está bien visto por la sociedad

¿Recuerdas qué era lo que veía de niño en la gente cuando la observaba? Eso es: que la mayoría iba corriendo. ¿Y te acuerdas de por qué de mayor ya no podía percibirlo? Efectivamente, porque yo también iba corriendo, como mi padre y como casi todo el mundo. Cuando tenemos una concepción concreta del mundo, esperamos que los demás la compartan. Si sigues una ideología política o una creencia religiosa intensa o si posees una perspectiva bien definida sobre algunos de los problemas de las sociedades modernas, como la crisis climática, la pandemia de la COVID-19 o el consumo de carne, ¿qué idea te gustaría que tuviesen los demás? Seamos sinceros: la misma que nosotros, porque eso nos refuerza. Sentimos que las personas con ideas opuestas nos desafían, y no nos agradan tanto. ¿Te puedes poner a ti mismo ejemplos que confirmen este punto?

En una sociedad estresada, ocupada, que siempre va corriendo, ¿qué se espera de los demás? Exactamente lo mismo. Que también estén ocupados y que vayan corriendo, es decir, que estén estresados. Por eso, si cuentas que te cuidas, que te dedicas tiempo libre, que disfrutas de la vida y que limitas tus actividades, mucha gente te tachará de vago, irresponsable o egoísta. Pero si, por el contrario, cuentas que siempre andas con prisa, que estás atareadísimo y que te faltan horas al día, y realzas lo importantes que son las actividades que realizas, te mirarán con admiración, como un modelo. No caigas en esa trampa. La opinión de la mayoría no siempre es la más adecuada ni la más sana. Cada persona debe ser lo suficientemente sabia como para comprender qué necesita en cada momento para ser feliz, más allá de las modas y de las presiones sociales.

No lo olvides: los negocios de este mundo nunca se acaban

El título de este epígrafe era una de las frases preferidas de Milarepa, el increíble sabio y místico tibetano que nació en el siglo XI. Su biografía fue uno de los libros que más me impactaron de adolescente. La frase en cuestión siempre me ha impresionado, y la he tenido muy en cuenta porque, a lo largo de mi vida, he observado miles de ocasiones en las que se aplicaba a otras personas y a mí mismo. El caso de David lo ilustra.

DAVID O EL NEGOCIO INTERMINABLE

David fue compañero mío del colegio, tiene ahora cincuenta y ocho años. Hijo de una familia modesta, siempre fue un gran trabajador y una gran persona. De la nada creó una pequeña empresa auxiliar del automóvil y, poco a poco, fue haciéndola crecer. Se casó y tuvo dos hijos, pero apenas pasaba tiempo con ellos, pues tenía que dedicar mañana y tarde a tirar del negocio. Cuando sus chicos eran pequeños, nos veíamos cada uno o dos años, y siempre me contaba lo mucho que trabajaba y cómo se estaba perdiendo la infancia y la adolescencia de sus hijos. Por norma nunca doy consejos, pero le invitaba a reflexionar sobre si ese esfuerzo le compensaba y le preguntaba si había pensado en alguna fecha para dejar de trabajar tanto y retomar la familia. Él me daba la razón y ponía como fecha el año siguiente, pero nunca llegaba el día. Siempre había un gran cliente, una exportación a otro país o un nuevo nicho en el mercado que eran importantes y que no le permitían parar. Cuando cumplió cincuenta y los hijos estudiaban en la universidad, su mujer,

---

harta de un marido y un padre ausentes, pidió el divorcio, y los chicos se fueron con ella. En esos años, había ido perdiendo también a los amigos: no les había dedicado tiempo, estaba muy ocupado con el negocio. Se encontraba solo y se dio cuenta de que la lucha para alcanzar una buena posición económica para su familia no tenía ya sentido: lo había perdido todo. En ese momento, David comprendió que «los negocios de este mundo nunca se acaban», pero no es fácil darse cuenta de ello y parar a tiempo.

Como ya hemos visto, los negocios de este mundo suelen ser, por lo general, el trabajo y todo lo que hacemos por conseguir dinero, poder o estatus, pero podría aplicarse también a aficiones u otro tipo de actividades. Yo suelo poner el ejemplo de un casino. Enredarse continuamente en negocios y actividades es como jugar en un casino. Cuando las cosas funcionan y uno siente que va ganando, quiere jugar más para seguir ganando, porque nunca se tiene lo suficiente. Pero no debemos olvidar la famosa frase de los jugadores profesionales: «La banca siempre gana». Si continuamos jugando y jugando, en algún momento, por no haber sabido retirarnos a tiempo, la suerte cambiará y lo perderemos todo. Es lo que le pasó a David y lo que nos puede pasar a nosotros en cualquier momento y en diferentes áreas de la vida. Es bueno no olvidarlo. Existe una antigua parábola de los sufíes, los místicos y sabios de la religión islámica, llamada El campesino que nos ilustra este punto.

Parábola: 'El campesino'

Un campesino se encontraba feliz mirando sus tierras, sentado sobre una piedra y disfrutando de la brisa de la mañana. Pasó por allí un adinerado comerciante de la ciudad cercana y, al verlo sin hacer nada, le preguntó:

—Buen hombre, ¿qué haces aquí sentado?

—Nada especial —respondió el labriego—, disfrutar de la mañana.

—Pero deberías estar trabajando —aseguró el empresario.

—¿Por qué?

—Porque así obtendrías más producción de tus campos —aseguró el hombre de la ciudad—. Tendrías mayores beneficios…

—¿Y para qué todo eso? —preguntó el campesino con asombro.

—Para poder comprar más tierras y seguir aumentando la producción y los beneficios. De esa forma podrías seguir comprando más terreno, tener mayor producción y seguir comprando más propiedades hasta ser el agricultor más rico de la región.

—¿Y qué haría luego? —inquirió el aldeano.

—Bueno… —dudó el comerciante—, luego podrías sentarte a disfrutar, mirar tus campos y estar satisfecho de todo lo que has conseguido en la vida.

–Sí, justo eso es lo que estaba haciendo cuando has llegado.

PRÁCTICA 1:
OBSERVAR NUESTRA PRISA

En meditación se describen dos tipos de prácticas: las formales y las informales. La formales son las que uno realiza sentado, con una dedicación de un tiempo específico que puede variar desde los cinco minutos hasta los treinta o cuarenta y cinco. Es el tiempo que dedicamos casi todos los días a meditar, y, en general, lo hacemos siempre a la misma hora. Por el contrario, las prácticas informales suelen ser más breves (a veces, de solo un minuto o menos), no se ajustan a ningún horario concreto y se pueden llevar a cabo en cualquier situación: de pie, mientras se ejecuta una actividad o caminando. Ambos tipos de prácticas son muy importantes para cambiar los patrones habituales de nuestra mente. En todos los capítulos incluiremos prácticas sencillas para desarrollarlas de un modo u otro.

Siéntate en una silla, con la espalda recta pero sin tensión, los pies bien apoyados sobre el suelo y las manos descansando sobre las piernas. La postura debe ser siempre cómoda, de forma que puedas mantenerla entre cinco y diez minutos. Con los ojos cerrados realiza tres respiraciones conscientes para calmar la mente. A continuación recuerda el día de ayer. De la mañana a la noche, repasa las principales actividades que realizaste:

— Contacta con el tono general del día: ¿ibas corriendo y preocupado por el reloj mientras hacías las cosas o sentías que podías pasar de una actividad a otra de forma progresiva y natural, sin tensión?

— Plantéate si hubo algunos momentos de especial prisa o irritabilidad. Momentos en los que te enfadases o perdieses los papeles.
— Conecta con los momentos de prisa, de malestar, de tensión, de estrés; en suma, con la actividad concreta que estabas realizando. ¿Ves algún patrón que se repita?

Es interesante hacer una vez por semana esta práctica. Te permitirá conocer si habitualmente vas corriendo, tiendes a la calma o te encuentras en una situación intermedia. Podrás identificar cuáles son las situaciones, las personas o las actividades que disparan tu estrés. Y podrás notar las conductas repetitivas. Esta es la clave de la mente: a lo largo de nuestra vida hemos desarrollado patrones de pensamientos, emociones y comportamientos que aparecen siempre, de forma automática —te darás cuenta, sobre todo, que se repiten en algunas situaciones específicas—. Son esos patrones los que nos producen sufrimiento. Identificarlos te permitirá desmontarlos con las herramientas que iremos describiendo.

PRÁCTICA 2:
¿POR QUÉ VOY CORRIENDO?

Esta es una práctica para realizar en cualquier momento del día. Puedes estar sentado en el trabajo o en el autobús, de camino a casa o tomando un café. Con la práctica 1 serás cada vez más consciente de que llevas prisa. Cuando, a lo largo del día, te des cuenta de ello, párate un minuto y pregúntate: «¿Por qué voy corriendo?». Si, en ese momento, la situación no te permite reflexionar al respecto, puedes realizar la práctica por la noche, antes de acostarte. La tendencia natural es *culpar* directamente a la actividad estresante: «Llego tarde al colegio a llevar a los niños», o «tengo mucho trabajo» o «se me ha estropeado el coche».

En psicoterapia existe una técnica que se denomina *flecha hacia abajo*. Es decir, no te quedes con respuestas obvias y simples, porque las cosas son más complejas. Para profundizar plantéate: «¿Y qué pasa si llego tarde, o no termino el trabajo o no puedo arreglar hoy el coche?». Es decir: «¿Por qué esto es tan importante para mí?». Ve anotando las contestaciones. Al principio te resultará difícil, ya que tenderás a quedarte con respuestas obvias, pero, con el tiempo, empezarás a conocer tus patrones. Y descubrirás que nuestras actividades no son tan importantes: el mundo seguirá girando igual sin ellas.

TEST: CONOCE TU ESTRÉS

Para acabar, y como afirma la frase que encabeza el capítulo, es bueno conocerse, y algunos test son especialmente útiles para ello. A continuación tenemos algunas frases, extraídas de uno de los cuestionarios psicológicos más utilizados en este ámbito, para que podamos saber hasta qué punto nos encontramos estresados.

Puntúa estas frases de 1 a 4. Ten en cuenta que 1= nunca, 2 = a veces, 3 = a menudo, 4 = siempre.

— Me es difícil relajarme.
— Tiendo a reaccionar en exceso ante las situaciones del día a día.
— Siento que uso demasiada energía nerviosa.
— Me encuentro agitado.
— No me gusta que me interrumpan cuando hago algo.
— Siento que estoy muy susceptible.

Puntuaciones de hasta 12 son normales. De 13 a 15: estrés leve. De 16 a 21: estrés moderado. Por encima de 21: estrés grave.

¿Qué has encontrado? ¿En qué nivel de estrés te sitúas? Si has obtenido puntuaciones normales o leves, enhorabuena. Aun así, este libro te ayudará a vivir mucho mejor. Si las cifras te muestran que el estrés es moderado o grave, vale la pena que dediques tiempo y esfuerzo a cuidarte, porque eso redundará también en los que te rodean. Bienvenido a esta aventura.

RECUERDA

- La mayoría de las personas siempre va corriendo. ¿Tú también?
- Mucha gente está tensa y con la necesidad constante de hacer algo. ¿A ti te pasa?
- El estrés es la gran pandemia de nuestro tiempo. Como suele producirse de forma progresiva, no es fácil darse cuenta de que lo padecemos.
- Un test sencillo es observar tu tiempo libre: ¿puedes estar una tarde sin hacer nada y no sentirte mal por ello?
- En el fin de semana o en vacaciones, ¿puedes desconectar del trabajo y de tus preocupaciones y dedicarte a la familia y a tus aficiones?
- Nuestra sociedad espera que estemos siempre ocupados y estresados.
- Nunca olvides que «los negocios de este mundo nunca se acaban».
- Independientemente de tus niveles de estrés, intenta sacar cada día de cinco a diez minutos para la meditación formal y realiza alguna de las prácticas informales descritas.

2
¿CÓMO AFECTA LA MENTE AL CUERPO?

Mente sana
en cuerpo sano.
Juvenal, poeta romano (s. I-II)

El aforismo que abre este capítulo ha constituido una de las grandes reflexiones sobre la salud en la tradición latina y en la cultura occidental y ha sido repetida por filósofos y maestros durante siglos. Los antiguos consideraban que, en el orden de las cosas, era primero la salud física y, posteriormente, la mental. Es obvio que, cuando el cuerpo enferma, la mente se preocupa, por lo que puede verse afectada de manera secundaria. Pero el orden habitual en la complicada sociedad suele ser el inverso: la mente, estresada por las circunstancias del entorno, enferma y acaba influyendo de forma negativa al cuerpo. Es decir, primero se altera la mente y, después, el cuerpo. Vamos a intentar entender este proceso.

¿QUÉ HACE LA MENTE? PENSAR

Comprobamos que el ojo ve, el oído oye, la lengua saborea, la nariz huele, la piel *toca* y los músculos se mueven. Pero...

¿qué hace la mente? La mente, sobre todo, piensa, produce pensamientos. Por tanto, los pensamientos son el resultado de la actividad de la mente.

¿Y cuánto tiempo trabaja la mente? Si te observas a ti mismo, verás que piensas continuamente. Es posible que nunca te hayas dado cuenta de la actividad frenética del cerebro. Párate en momentos puntuales del día: ponte una alarma en el reloj del móvil por la mañana o por la tarde, y, cuando suene la *campana,* obsérvate y pregúntate qué estás pensando. A continuación plantéate si esos pensamientos te aportan algo, te ayudan de alguna forma en tus objetivos o, simplemente —que es lo habitual—, constituyen una actividad inútil de la mente.

¿Cuántos pensamientos genera el cerebro en un día cualquiera? Cierra los ojos y *observa* un pensamiento. Verás que existen de dos tipos: los primeros se estructuran a partir de palabras, como una frase. Por ejemplo: «Mi jefe me ha criticado esta mañana». Son los más habituales, y los llamamos *pensamientos verbales* porque se basan en las palabras. La sucesión continua de pensamientos verbales de cada día es lo que en psicología y, especialmente, en *mindfulness* conocemos como *diálogo interno.* Es la charla que mantenemos con nosotros mismos a todas horas, esa voz interior que comenta todo lo que está ocurriendo.

Si vuelves a cerrar los ojos y te concentras, comprobarás que los verbales no son los únicos pensamientos que experimentamos. El segundo tipo son las imágenes visuales. Por ejemplo, en la mente puede aparecer la imagen, como si fuese un vídeo proyectado en tu cabeza, de que vas paseando por la calle con tu pareja. Aquí, aunque quizá también haya palabras, lo más evidente son las formas y los colores, a menudo con movimiento. En ocasiones se trata de imágenes sin movimientos, como la foto tomada por una cámara en la que aparecéis tú mismo u otra persona haciendo algo. Las imágenes pueden ser en color, que es lo más frecuente, o en blanco y negro y más o menos realistas (algunas veces son incluso simples formas difusas). A este conjunto lo llamamos *pensamientos visuales,* y todos los tenemos con mayor o menor frecuencia. Para el 15% de la población, son los habituales —suponen su principal *forma de pensar*—, y los usan mucho más que los pensamientos en forma de palabras. ¿Has observado si es tu caso? ¿Utilizas con mayor frecuencia los pensamientos verbales o los visuales?

Nos centraremos ahora en los pensamientos verbales, en el diálogo interno. Cierra los ojos y fíjate en lo que dura un pensamiento, es decir, en cada una de esas frases que aparecen en la mente. Antes hemos puesto el siguiente ejemplo: «Mi jefe me ha criticado esta mañana». Pronúncialo en voz alta (ten en cuenta que la voz es más lenta que la mente): suele durar una media de tres segundos. Pero los hay que duran incluso menos. ¿Cuál es el siguiente pensamiento? Por ejemplo: «Mi jefe nunca me ha comprendido». De nuevo, ¿cuánto tardas en verbalizarlo? Puedes hacerlo sucesivamente con frases que te vengan a la cabeza. Observa la rapidez con la que cambian y que nunca se detiene el río de pensamientos.

Vamos a calcular cuántos pensamientos produce la mente al día. Si uno dura unos tres segundos, cada minuto se generan unos veinte. En una hora aparecen 1200, así que, en las diecisiete horas que pasamos despiertos, se forman

20 400 (17 x 1 200). Por eso quizá hayas oído que tenemos unos 20 000 pensamientos al día, aunque la cifra seguramente sea mayor, pues ya hemos visto que muchos duran menos de tres segundos y, además, hay adultos que, como yo, duermen para menos de siete horas. En definitiva, los expertos señalan que la mente produce entre 20 000 y 40 000 pensamientos al día. Es agotador, ¿no? ¿Cómo sería tu vida si frenaras tanta actividad? ¿Crees que serías más feliz sin tantas preocupaciones? Eso es lo que te proponemos en este libro.

La importancia del pensamiento en la cultura occidental

Está claro que pensar es importante, pero no todas las culturas le han dado el mismo peso. En Occidente siempre hemos insistido en que este fenómeno constituye la quintaesencia del ser humano. En la antigua Grecia, donde nació nuestra filosofía, pensar se consideraba la actividad más elevada, y a quienes se dedicaban a ella se los llamaba sabios o filósofos, palabra que literalmente significa 'amantes de la sabiduría'. El matemático francés de la primera mitad del siglo XVII René Descartes, una de las piedras angulares de la cultura europea, escribió un aforismo que hemos escuchado miles de veces y que resume esta visión: «Pienso, luego existo». Es decir, el aspecto fundamental del ser humano es pensar. Por su parte, el escultor francés Auguste Rodin expresó la magnificencia y belleza de esta actividad humana con su escultura *El pensador*.

Es llamativa la diferencia entre Occidente y Oriente en este sentido. Para nosotros *meditar* siempre ha significado pensar profundamente sobre algo, filosofar, generar reflexiones acerca del mundo con la intención de entenderlo o de resolver un problema. Por el contrario, en Oriente meditar es una actividad muy distinta: consiste en calmar la mente de manera progresiva, hasta que esté focalizada en un único objeto, sin distracción, de manera que el cerebro alcance poco a poco la paz, es decir, la casi ausencia de pensamientos. Conceptos opuestos, como puede comprobarse.

Pero ¿cómo enferma la mente? Pensando. En la tradición occidental, pese a situar en un pedestal el proceso de pensamiento, también hemos conocido sus efectos adversos. Santa Teresa de Jesús, monja española del siglo XVI y una de las cumbres de la espiritualidad católica, lo describió con una precisión que la psicología no ha alcanzado hasta épocas recientes: afirmaba que la imaginación era «la loca de la casa». No se refería, por supuesto, a la útil imaginación creativa o a la capacidad de resolver problemas, sino al parloteo mental continuo e inútil, a lo que hoy llamamos *diálogo interno*. Llegó a subrayar en algunas de sus obras que dicha imaginación inútil podía llegar a desencadenar la mayor parte de nuestro sufrimiento. Es decir, lo mismo que encontraríamos hoy en cualquier publicación sobre *mindfulness*.

En *Don Quijote de la Mancha,* el segundo libro más leído en el mundo después de la Biblia, Cervantes describe cómo una persona cualquiera puede llegar a volverse loca por pensar continuamente en un tema, en este caso, en los libros de caballerías. Como es obvio, los caballeros andantes, que constituían una de las fantasías de los europeos del siglo XVI, no están de moda quinientos años después, pero en la actualidad son muchas las ideas obsesivas que podemos desarrollar y que nos producen enorme sufrimiento: desde preocupaciones laborales hasta fracasos amorosos o dificultades en las relaciones interpersonales. Reflexiona un momento y contéstate: ¿cuáles son tus pensamientos recurrentes? ¿Cuánto tiempo y energía les dedicas? ¿Te sirve para algo?

Recomiendo apuntar con regularidad las preocupaciones y los pensamientos repetidos predominantes en una libreta que utilices para tu crecimiento personal. Es un hallazgo curioso comprobar que, en solo un año, muchas de esas obsesiones cambian: dejan de ser importantes y son sustituidas por otras. Por ejemplo, si hemos experimentado una ruptura amorosa, es posible que, durante meses, esta ocupe gran parte de tus pensamientos, pero, un año después, habrá casi desaparecido. Lo mismo ocurre con un problema laboral o con cualquier otro tipo de adversidad. Apuntar tus preocupaciones y revisarlas cada varios meses te permitirá descubrir lo cambiantes que son y la gran cantidad de tiempo y energía perdidos inútilmente en ellas.

Para muchas personas, estar continuamente pensando constituye su principal sufrimiento. En la consulta de psiquiatría que he mantenido durante tantos años, era una de las principales peticiones de ayuda de mis pacientes: «Doctor, por favor, deme algo para dejar de pensar, para frenar la mente. No puedo soportarlo». Manuel es un buen ejemplo, como ahora veremos.

MANUEL O EL PROBLEMA DE ESTAR SIEMPRE PENSANDO

Manuel era un varón de cincuenta y dos años, casado y con dos hijos ya universitarios. Era el gerente de una pequeña empresa de informática con una buena cuenta de resultados. No sufría ningún problema objetivo en ese momento: su trabajo era exitoso y satisfactorio, su matrimonio funcionaba bien y sus hijos, con los que conservaba una excelente relación, cursaban sus estudios con normalidad. Tenía buenos amigos y aficiones que le satisfacían, como el golf y la música. Pero solía decir: «Siempre estoy pensando, dándoles vueltas a las cosas». Cuando llegaba la noche, esos pensamientos eran continuos y le producían insomnio, por lo que no solía dormirse hasta las dos o las tres de la mañana. Al día siguiente estaba cansado y malhumorado. El fin de semana no podía desconectar del trabajo ni de otras preocupaciones, por lo que no disfrutaba de su familia, de los amigos ni del tiempo libre. Llevaba más de dos años así, y la cosa iba a peor. Pese a que había intentado practicar yoga y relajación por recomendación de su mujer, que era muy defensora de ambas técnicas, nada había resultado efectivo.

Como es frecuente en estos casos, Manuel me pidió que le pautase un tratamiento farmacológico, pues quería una solución rápida y sin esfuerzo. Pero yo le recomendé que utilizásemos una de las técnicas más efectivas para calmar la mente: *mindfulness*. A lo largo del libro veremos cómo puede hacerse.

EL ESTRÉS PRODUCE ENFERMEDADES MENTALES

No hace falta ser un experto psicólogo o psiquiatra para imaginar que lo que Manuel estaba experimentando era estrés, la famosa pandemia del siglo XXI que hemos descrito en el capítulo anterior. Lo que veremos ahora es cómo, si el estrés se cronifica y dura meses o años, tiende a producir enfermedades mentales y, también, físicas.

El primer problema en aparecer, como nos relata el propio Manuel, suele ser el insomnio. Una mente que está continuamente pensando y preocupándose, cuando por la noche desaparecen los estímulos externos, se apodera de nosotros y absorbe toda nuestra atención. El sueño es un fenómeno paradójico: cuanto más queremos dormir, más difícil resulta hacerlo. Es necesario no buscar dormir para que el sueño aparezca, por eso se recomienda realizar alguna otra actividad ligera, como leer, para que surja la somnolencia. El insomnio se considera una de las enfermedades más frecuentes que azotan al ser humano y, de una u otra forma, afecta a entre el 30 y el 40 % de la población mundial, es decir, a más de 2000 millones de personas. Produce cansancio, así como disminución de la atención y la memoria, por lo que altera el rendimiento laboral, genera irritabilidad y afecta también a las relaciones interpersonales.

Cuando el estrés se cronifica, además de insomnio, suele aparecer ansiedad. Esta enfermedad, que afecta casi al 10% de la población, se caracteriza por síntomas físicos como tensión muscular, dificultad para relajarse, sudoración, temblor y, en el caso de que no se hubiesen manifestado ya, dificultades para dormir. A nivel mental, lo que predomina es la existencia de una preocupación desproporcionada e injustificada por diferentes temas y una tendencia a pensar demasiado y a percibir todo como amenazador, siempre con el foco puesto en los peores resultados posibles. Todo ello produce dificultad para concentrarse y un temperamento indeciso.

La ansiedad cronificada durante meses o años tiende a convertirse en depresión. Este trastorno es muy frecuente, y se calcula que una de cada cinco personas lo experimentará a lo largo de su vida. Se caracteriza por ánimo bajo, incapacidad para disfrutar de lo que anteriormente nos gustaba, desinterés por las actividades habituales, llanto frecuente, desesperanza y baja autoestima. Aunque la secuencia estrés–ansiedad–depresión es la más habitual, el estrés crónico es un factor predisponente para cualquier enfermedad psiquiátrica, por eso es tan importante su prevención.

¿ESTARÉ DESARROLLANDO ANSIEDAD O DEPRESIÓN?

A continuación te propongo algunas preguntas para evaluar hasta qué punto tenemos síntomas de ansiedad o de depresión. El test se basa en algunos de los que habitualmente utilizamos los profesionales de la salud mental para detectar de forma precoz ambas enfermedades.

TEST DE ANSIEDAD

¿Te has sentido nervioso o en tensión?	SÍ	NO
¿Has estado muy preocupado por algo?	SÍ	NO
¿Te has sentido irritable?	SÍ	NO
¿Has tenido dificultad para relajarte?	SÍ	NO

Tres o más respuestas afirmativas sugieren la posibilidad de estar desarrollando ansiedad.

TEST DE DEPRESIÓN

¿Te has sentido con poca energía?	SÍ	NO
¿Has perdido el interés por las cosas?	SÍ	NO
¿Has perdido la confianza en ti mismo?	SÍ	NO
¿Te has sentido sin esperanza?	SÍ	NO

Tres o más respuestas afirmativas sugieren la posibilidad de estar desarrollando depresión.

Contestar afirmativamente a tres o cuatro preguntas en cada una de las dos áreas orienta hacia el riesgo de iniciar un trastorno de ansiedad o uno de depresión, según se trate de una sección o de otra. Si es así, la recomendación es cuidarse para intentar disminuir nuestro estrés todo lo posible y evitar que se produzca la aparición de estas enfermedades.

EL ESTRÉS AGUDO PUEDE FACILITAR
ENFERMEDADES PSICOSOMÁTICAS: LA SOMATIZACIÓN

La relación entre mente y cuerpo es un enigma que ha fascinado a filósofos y pensadores a lo largo de los siglos. Y también es un tema clave en medicina. Durante años he dedicado gran parte de mis esfuerzos docentes y de investigación a una especialidad de la psiquiatría que se denomina *medicina psicosomática,* que estudia la conexión entre mente y cuerpo. Me he especializado, concretamente, en este tema: las somatizaciones. Fui elegido presidente de la Sociedad Española de Medicina Psicosomática en el período de 2012 a 2014, y siempre he intentado concienciar de la importancia de evitar el estrés para disfrutar de una buena salud psíquica y física.

La relación entre el malestar psicológico y los síntomas físicos se conoce desde finales del siglo XIX, época en la que Sigmund Freud escribió una de sus obras más influyentes: *Estudios sobre la histeria.* Muchos de los pacientes que trató presentaban síntomas psicosomáticos, es decir, producidos por la influencia de la mente sobre el cuerpo. No hay una causa física que explique la aparición de tales síntomas, pero existen y son muy molestos para el individuo. Es lo que se denomina síntomas somatizados.

Estos trastornos son muy frecuentes, y se calcula que la mitad de nosotros los ha experimentado alguna vez en su vida. Mucha gente cree que se los inventa adrede el individuo o que los puede eliminar a voluntad, ya que *están en la mente.* No es así: ni son voluntarios ni se pueden eliminar *sin más,* pues es necesario disminuir el estrés. A continuación describiré el caso de un paciente al que le ocurrió esto: yo mismo cuando era joven.

JAVIER O LA PREOCUPACIÓN POR PADECER
UNA ENFERMEDAD CARDIOLÓGICA

Tenía veintiún años y estudiaba Medicina. Como ocurre con la mayor parte de la población universitaria (una de las más estresadas del mundo), estaba estresado por múltiples razones: la exigencia de la carrera y la necesidad de buenas calificaciones para poder obtener un buen trabajo posterior, las estrecheces económicas y la vivencia intensa de las relaciones de pareja y de amistad, algo típico en los jóvenes.

Los alumnos de Medicina y del resto de las Ciencias de la Salud añaden otra circunstancia de riesgo. En su disciplina estudian múltiples enfermedades y, a veces, se observan a sí mismos y creen que pueden desarrollarlas. Este fenómeno es tan frecuente que se denomina *neurosis del estudiante de Medicina,* y suele ocurrir en los primeros cursos con asignaturas clínicas. Suele haber algún factor añadido que ayuda a explicar por qué ocurre. En mi caso, mi madre estuvo a punto de morir de un problema cardíaco cuando yo tenía ocho años. Aquella experiencia infantil —estoy convencido— fue la causa de que me matriculase en Medicina más adelante. Pero también dejó en mí la idea de que quizá estaba predispuesto genéticamente a las enfermedades cardiovasculares: cuando las estudié, en cuarto de carrera, empecé a observarme y me convencí de que padecía algún tipo de arritmia, pues me notaba con intensidad y de forma irregular los latidos del corazón.

Con mucha vergüenza y cierta sensación de fracaso como médico —era consciente de que podía haber un poco de comportamiento hipocondríaco—, consulté con mi profesor de Cardiología. Muy amablemente me informó de que lo que me pasaba era habitual entre estudiantes de Medicina. Me exploró a conciencia y me realizó un electrocardiograma. Su diagnóstico fue que no existía ninguna alteración física y que los síntomas que estaba experimentando se relacionaban con el estrés, por lo que me recomendó practicar relajación y deporte. Debido a la confianza que tenía en él y a sus buenas habilidades de comunicación, me quedé tranquilo con sus explicaciones y nunca me ha vuelto a ocurrir nada similar.

Yo no me inventaba los síntomas ni podía pararlos a voluntad: era víctima de ellos y habían sido desencadenados por el estrés. Tuve la suerte de encontrar un médico comprensivo que me tranquilizó y curó el problema para siempre. Pero estoy convencido de que otro profesional menos receptivo habría podido facilitar una somatización crónica. También estoy seguro de que esta experiencia fue decisiva para que, posteriormente, me especializase en síntomas psicosomáticos, pues entendí en primera persona el intenso sufrimiento que es capaz de producir este tipo de enfermedades.

ENFERMEDADES CON COMPONENTES PSICOSOMÁTICOS

La importancia del estrés y la somatización en las diferentes enfermedades es bien conocida en medicina desde hace años. Más de un tercio de las personas que acuden a atención primaria y son visitadas por el médico de familia sufren algún tipo de somatización, de síntomas físicos provocados por el malestar psicológico. Y lo mismo ocurre en el resto de las especialidades: más del 50% de los pacientes de neurología, ginecología, digestivo, reumatología y cardiología presentan enfermedades funcionales o psicosomáticas, y en ningún área médica la cifra baja del 35%.

Pero incluso en enfermedades tan aparentemente orgánicas como una apendicitis, una crisis de hipertiroidismo o un accidente vascular cerebral, se confirma que más de la mitad de quienes las padecen han pasado por alguna situación estresante durante los seis meses anteriores. Porque el estrés es un factor favorecedor de cualquier enfermedad. María es un buen ejemplo.

MARÍA O EL INTESTINO IRRITABLE

María era una alta ejecutiva de banca de unos cincuenta años, muy perfeccionista y autoexigente. Llegó a mi consulta enfadada porque no entendía por qué la habían remitido a un psiquiatra. Llevaba casi una década padeciendo molestias digestivas: a veces presentaba diarreas que la obligaban a parar lo que estuviese

---

haciendo; en otras ocasiones sufría un estreñimiento pertinaz. Y casi siempre sentía dolor en el vientre. Al principio los síntomas eran mínimos y muy ocasionales, por lo que no les daba importancia. Pero en los últimos cinco años, las cosas habían ido a peor: las molestias eran más frecuentes, intensas e incapacitantes.

Para María el trabajo era su vida. Lo vivía con tal intensidad que había renunciado voluntariamente a tener hijos y familia para alcanzar el puesto de alta responsabilidad que desempeñaba en ese momento. Sin embargo, ahora la enfermedad empezaba a limitarla laboralmente. Lo que más la enfadaba era que los médicos no resolviesen nada: le habían practicado decenas de pruebas y le habían pautado diferentes tratamientos, aunque la mejoría era siempre minúscula. Hacía más de dos años que le recomendaban apoyo en salud mental, pero se resistía porque, para ella, que la viese un psiquiatra o un psicólogo implicaba que *se lo estaba inventando* o, aún peor, que *estaba loca*.

Le comenté que no valía la pena buscar si la causa de su malestar era física o psicológica, porque lo que quedaba claro era que lo estaba pasando mal, y eso debía cambiar. Reconoció que llevaba años estresada. Y era consciente de que ya había probado diferentes tratamientos farmacológicos para tratar sus síntomas físicos, pero que nunca había intentado disminuir el estrés. Como estaba claro que no deseaba medicamentos, realizamos un abordaje con *mindfulness* durante seis meses y la mejoría fue espectacular.

El estrés crónico produce enfermedades: La teoría de la neuroinflamación

Ya hemos visto que el estrés agudo, de semanas o meses de duración, puede producir enfermedades mediante los procesos de somatización. Pero el estrés crónico también puede generar patologías físicas graves. De hecho, se considera que la mayor parte de los trastornos crónicos que padecemos guarda una relación más o menos intensa con el estrés. Cuando Freud describió la influencia de la mente sobre el cuerpo, señaló que el nexo entre ambos era el inconsciente, concepto desarrollado por el psiquiatra austríaco y que constituyó una de sus principales aportaciones. Sin embargo, el inconsciente no permitía explicar por qué el estrés era capaz de lesionar el cuerpo.

La hipótesis más aceptada de cómo la mente afecta y puede llegar incluso a hacer enfermar el cuerpo llegó a principios del siglo XXI de manos de la teoría de la neuroinflamación. Afirma que el estrés crónico genera una elevación sostenida del cortisol en sangre. Si este hecho dura poco tiempo, apenas produce impacto, pero, si se mantiene durante años, el cortisol acaba alterando los denominados *mecanismos de neuroinflamación vehiculizados por las citoquinas*. Las citoquinas son pequeñas proteínas producidas por los leucocitos (o glóbulos blancos) que permiten la comunicación entre las células del organismo. Su principal función es producir la inflamación como mecanismo de defensa ante agentes externos negativos, como virus o bacterias; por eso existen citoquinas proinflamatorias y antiinflamatorias. Como pasa con el estrés o con el dolor, la inflamación, cuando es aguda, resulta útil y adaptativa; pero, cuando es crónica, produce efectos adversos. Años de inflamación crónica pueden producir lesiones en los diferentes tejidos corporales.

Es bien sabido desde hace décadas que el estrés facilita las enfermedades cardiovasculares, como la angina de pecho o el infarto; lo que se ha descubierto en los últimos años es que la neuroinflamación crónica es la causa. El estrés crónico también lesiona otros muchos órganos, como el páncreas: en ese caso, puede producir diabetes. Por último, la disminución de la inmunidad facilita la aparición de diferentes tipos de cáncer. ¿Cómo? Las células neoplásicas que surgen periódicamente en su proceso de reproducción no son destruidas por el sistema inmune, ya que este no funciona de manera adecuada como consecuencia de la neuroinflamación. En suma, el estrés crónico, por medio de la neuroinflamación, se encuentra en la base de numerosas enfermedades.

Otro aspecto clave es que cada individuo presenta una mayor o menor predisposición genética a las enfermedades. Es decir, con la misma carga de estrés, una persona puede acabar padeciendo una patología y otra no según esa predisposición previa. Por tanto, conseguir tener unos niveles bajos de estrés a lo largo de la vida constituye un factor protector extraordinario para evitar cualquier enfermedad física y psicológica. Como reza el eslogan de la Organización Mundial de la Salud: «No hay salud sin salud mental».

Pero no basta con creer que el estrés y el malestar psicológico producen enfermedades: también alteran todos los aspectos de nuestra calidad de vida, al influir negativamente en nuestro entorno laboral y social. En el ámbito profesional el estrés es un grave problema a escala mundial, porque afecta al 45 % de los trabajadores y es la segunda enfermedad laboral más frecuente, por detrás de los trastornos musculoesqueléticos. Aparte de lo ya comentado en este capítulo, provoca absentismo y bajas, así como la disminución de la productividad, y facilita el desarrollo de tabaquismo y el consumo de alcohol y otras drogas.

En el área de las relaciones sociales, el estrés genera dificultad para escuchar a las otras personas, ya que las preocupaciones y el diálogo interno inundan nuestro mundo mental. Pero lo más evidente es que incrementa la fatiga, lo cual lleva a una irritabilidad de base muy elevada, fuente de continuas discusiones y conflictos con los demás. Es frecuente que esto deteriore las relaciones interpersonales —sobre todo, la relación con la pareja y con los hijos— y haga perder amistades, incluso de larga duración. Como ves, el presente capítulo está dedicado a concienciarnos de lo negativo que es el estrés, de forma que nos tomemos en serio ir eliminándolo progresivamente de nuestras vidas con las técnicas que describiremos en los siguientes capítulos.

PARÁBOLA: LA ALEGORÍA DEL CARRO ALADO, DE PLATÓN A LOS UPANISHADS

La relación entre la mente y el cuerpo, y cómo se influyen mutuamente, siempre ha fascinado a los pensadores.

En la tradición occidental, la primera alegoría que intenta relacionar el funcionamiento de la mente y el cuerpo es la del carro alado, de Platón, de su obra *Fedro*. En ella un auriga (o cochero) conduce un carro tirado por dos caballos alados: el auriga representa la parte racional del alma; los caballos, la bondad y la maldad de la naturaleza humana, que simbolizan la dificultad de manejar el carruaje. Es una metáfora de la lucha entre la mente racional (el cochero) y las emociones (los caballos) con el cuerpo (el carruaje) como campo de batalla.

Pero parece que la metáfora original, llamada también alegoría del carro, aparece inicialmente en los Upanishads, libros sagrados del hinduismo, de donde pasó al Dhammapada budista. En los Upanishads, el dios hindú de la muerte, Yama, instruye a Nachiketa, un niño que quiere conocer la verdad sobre la vida y la muerte. En esta metáfora, más completa, el cuerpo está representado por el carro; los caballos son los sentidos, que se encuentran continuamente movidos por las emociones; las riendas son la mente pensante y el conductor es el espíritu o el alma, aquello que se encuentra por encima de todo lo demás y que tiene capacidad de controlar.

Además de su interpretación espiritual, podría considerarse una primera referencia a la psicosomática, ya que el carro, que simboliza el cuerpo, puede deteriorarse si emociones y pensamientos no funcionan adecuadamente. El equilibrio entre todos ellos, como propone el *mindfulness,* nos llevaría a la salud física y mental.

La práctica de los tres minutos

Se trata de una práctica que suele realizarse de modo informal, en cualquier momento del día y con dos posibles objetivos:

— Con la función de romper el piloto automático y desarrollar la atención. Para ello te recomendamos ponerte una alarma varias veces a lo largo de la jornada que te recuerde ejecutarla.

— Para regular emociones negativas en el momento que surjan, por ejemplo, tras discutir con alguien.

También puedes desarrollarla sentado en casa como práctica formal, alargando las fases y haciéndolas durar cinco o diez minutos, según lo que desees. A continuación encontrarás sus tres pasos.

Paso o minuto 1
Tomar conciencia del entorno, del cuerpo y de la experiencia interna

Adopta una postura relajada, ya sea acostado, sentado o de pie, y cierra los ojos. Lentamente, empieza a tomar conciencia primero del lugar en el que estás, de aspectos como los sonidos, los olores, la temperatura; después, de cómo está tu cuerpo en ese momento. Percibe las sensaciones físicas como un todo, *observa* el contacto de tus piernas con la esterilla o con el suelo, el contacto de tu piel con el entorno; plantéate si hay algo que le resulte agradable o desagradable a tu cuerpo. Sencillamente, nota las sensaciones presentes y si cambian con el tiempo.

Expande ahora tu conciencia hacia tu experiencia interna. Pregúntate: «¿Cuál es mi experiencia en este instante?», «¿qué pensamientos pasan por mi cabeza?», «¿qué impulsos surgen?». Sé consciente de tu experiencia de una forma global, fíjate en las sensaciones y en las emociones que aparecen —agradables o no—, pero sin involucrarte en ellas: solo toma nota de si están presentes y si cambian con el tiempo.

PASO O MINUTO 2

RESPIRACIÓN

Ahora vuelve a dirigir la atención hacia tus sensaciones físicas y, lentamente, llévala hacia la respiración. Concéntrate en el área del abdomen, en el tórax, en las fosas nasales. Despacio, toma conciencia de todo lo que sientes con la respiración: por unos instantes, síguela a cada inspiración y espiración. No intentes modificarla, solo obsérvala en el momento presente. Si aparece algún pensamiento o emoción, déjalos pasar y vuelve a la respiración. Así, una y otra vez.

PASO O MINUTO 3

EXPANSIÓN DE LA CONCIENCIA

Percibe la conciencia (opcionalmente, puedes visualizarla bajo la forma de una esfera transparente) en el interior de tu cuerpo. Permanece así unos segundos. Nota cómo tu conciencia se expande poco a poco, hasta que sientas como si respirases con todo el organismo.

Si quieres, incluye el entorno en el que estás. Puedes añadir a las personas que se encuentran en tu ciudad e identificarte con ellas. Permanece así unos segundos. Poco a poco, expande tu conciencia hasta abarcar tu país y, progresivamente, la Tierra. Puedes sentirte unido a las personas y los seres vivos que comparten contigo el planeta unido, en suma, unido al cosmos. Quédate de esta forma unos segundos. Antes de volver a la vida normal, toma el compromiso de intentar mantener la atención el resto del día. Por último, y de manera gradual, trae tu campo de conciencia hacia el cuerpo como un todo, hasta la postura y la expresión facial. Y, despacio, cuando quieras, abre los ojos.

RECUERDA

► La mente está continuamente pensando. Es lo que llamamos *diálogo interno*.

► Observa y apunta las ideas repetitivas que predominan en ti en un momento dado.

► Comprobarás cómo cambian por completo en un plazo de seis a doce meses.

► El estrés produce enfermedades psicológicas, como insomnio, ansiedad y depresión.

► El estrés agudo causa patologías físicas en forma de somatizaciones y llega a constituir casi la mitad de las enfermedades que se atienden en muchas especialidades.

► El estrés crónico se encuentra en la base de casi todas las enfermedades crónicas, porque altera los mecanismos de neuroinflamación.

► La práctica de los tres minutos es especialmente eficaz para disminuir el estrés en el día a día. Te recomendamos incluirla entre tus actividades habituales.

3

¿DÓNDE BUSCAR LA FELICIDAD, DENTRO O FUERA DE NOSOTROS?

*La felicidad y el sufrimiento
están en la mente.*

Buda

Durante años una de mis mayores aficiones dentro de la salud mental fue la psiquiatría transcultural, es decir, las diferencias existentes entre las enfermedades psiquiátricas y el funcionamiento psicológico de las culturas del mundo. Esa fue una de las razones por las que, una vez acabada la especialidad de psiquiatría, realicé una estancia en el departamento de Psicología Transcultural de la Universidad McGill, en Montreal. Canadá es la nación más transcultural del planeta: hacia 2025 la mitad de sus habitantes habrá nacido fuera del país, es decir, serán extranjeros. Pasar consulta allí implica familiarizarse con alrededor de cien grupos étnicos distintos, con costumbres, idiomas, religiones y visiones del mundo absolutamente únicas.

Aunque, cuando viajé a Canadá, ya era un psiquiatra con cierta experiencia, cometí muchos errores de principiante debido a mi falta de formación transcultural. Uno de los más flagrantes fue preguntarle a un paciente que provenía del archipiélago Ártico si era esquimal *(eskimo,* en inglés). Mi supervisor me reprendió escandalizado porque la palabra *esquimal* se considera altamente ofensiva, algo que desconocía. Los esquimales vivían sobre hielo, así que su dieta tradicional consistía en carne o pescado, sin ningún tipo de verdura, pues no había vegetación. Además, la carne y el pescado no podían cocinarse —no existían árboles con los que encender fuego—, por lo que tenían que comerlos crudos. Eso es lo que significa *esquimal,* el nombre que les pusieron las tribus autóctonas del norte del país: *comedor de carne cruda.* Lógicamente, se trata de un adjetivo que no le gustaría oír a nadie. Por eso ellos nunca lo utilizan, sino que se refieren a sí mismos como *inuit,* que quiere decir *la gente, los seres humanos.*

En Canadá también observé que, pese a que la depresión existe en todas las culturas, alguno de sus síntomas, como el sentimiento de culpa, es mucho más frecuente en los países occidentales que en los orientales. Se cree que la causa es la influencia de las religiones monoteístas que, en general, enfatizan la culpa y la expiación ante conductas consideradas poco éticas.

Pensarás que por qué te cuento esto. Pues lo hago porque, aunque creemos que nuestra percepción del mundo es la única posible, el contacto con otras culturas permite comprender que existen muchas perspectivas y que todas son igual de válidas. Y entendemos que, si hubiésemos nacido en otro entorno, nuestra visión de lo que nos rodea sería distinta.

Siempre he querido saber dónde se encuentra la mayor diferencia entre las culturas, cuál es el aspecto más importante que nos lleva a interpretar el mundo de forma distinta a unos grupos humanos de otros. Lo he comentado con cantidad de expertos, no solo del ámbito de la psiquiatría y la psicología, sino de la sociología, la antropología o la filosofía. En general todos están de acuerdo en que la cuestión clave desde hace siglos es la siguiente: «¿Dónde reside la felicidad, dentro de nosotros o en los objetos externos?».

En suma, ¿qué es lo importante, *tener* o *ser*? ¿Tener dinero y las cosas que se pueden comprar con él? ¿Tener reconocimientos y títulos universitarios o nobiliarios? ¿Tener éxito social o interpersonal? ¿O, por el contrario, ser una persona comprometida con el planeta y con el resto de los seres humanos, deseosa de contribuir a que el mundo vaya mejor? ¿Ser alguien con gratitud por todo lo bello y bueno que existe, con valores y un claro sentido de la vida?

En este punto te planteo una pregunta muy relevante: ¿cómo has buscado la felicidad hasta ahora? ¿Fuera de ti, intentando *tener* cosas? ¿O dentro de ti, deseando *ser* de alguna de las formas que hemos descrito? Es importante que revises tu vida y te contestes para que comprendas desde dónde partes. Y, sobre todo, que descubras qué tal te ha ido, es decir, si has acertado en esa búsqueda de la felicidad.

TENER O SER: UN VIEJO DILEMA

Erich Fromm, uno de los más destacados psicólogos de la historia de la humanidad, afirma en su famoso libro *Tener o ser* que las sociedades, a lo largo de la historia, han debido evolucionar a partir de una de estas dos orientaciones principales. Considera que ambos fenómenos presentan una relación inversa y que, en general, «cuanto más se tiene, menos se es».

Desde la orientación del ser, lo que nos define como personas no son nuestras posesiones o riquezas, no es nuestro trabajo, ni siquiera es nuestro aspecto físico o nuestras capacidades vinculadas al éxito o al fracaso. Todo eso pertenece al tener. En la visión del ser, lo importante son los valores y el sentido de la existencia, nuestras decisiones y acciones, nuestro compromiso con el mundo, con las personas. En la sociedad actual, mucha gente ha optado por el tener frente al ser, y ese es el origen de muchos de nuestros problemas sociales y ecológicos. Ya no se tiene para vivir, como en épocas anteriores, sino que se vive para tener. Nuestro mundo aplica la máxima de *tanto tienes, tanto vales.*

No sé cuál es tu experiencia, la mía es que de pequeño me enseñaron que la felicidad estaba fuera de mí, en algo que debía conseguir, como dinero o lo que se puede comprar con él, una posición social o título universitario. Por eso, cuando estudiaba Medicina, tenía la clara convicción de que la felicidad la alcanzaría cuando terminase la carrera. Al llegar ese día y graduarme, la sensación de bienestar fue increíble, pero ya el primer día noté que empezaba a desvanecerse. Pasados seis meses, el tema que durante años fue crucial en mi vida estaba casi olvidado y me encontraba inmerso en nuevas metas.

El siguiente objetivo que me impuse fue el de encontrar un trabajo. Eso implicaba aprobar el examen de médico residente, que era bastante complejo a principios de los años noventa, porque se ofrecían unas 1000 plazas para alrededor de 20 000 aspirantes. Tras un tiempo estudiando duro obtuve una buena nota, y no solo aprobé, sino que pude escoger la especialidad deseada en cualquier hospital del país. De nuevo, la sensación de satisfacción fue extraordinaria, y lo celebré a lo grande con mi familia y mis amigos. Pero, en pocos meses, se convirtió en un simple recuerdo y ya estaba enfrascado en el trabajo como residente de psiquiatría y en los próximos objetivos que la vida me ponía por delante. Algunos años después logré una plaza fija en un gran hospital de Aragón; ocurrió lo mismo: la enorme alegría de haber conseguido algo importante se disolvió como un azucarillo en agua en solo unas semanas. Y así sucedió con un propósito tras otro: una casa, un coche, un viaje, un nuevo reconocimiento personal o profesional del tipo que fuese... ¿No es esa tu experiencia? ¿No has ido buscando compulsivamente metas externas creyendo que encontrarías una felicidad estable en ellas?

La lotería sería un buen ejemplo. La mayoría de la gente piensa que, si les tocase y ganasen millones, serían felices para siempre. La televisión nos muestra imágenes de los afortunados brindando con champán con sus familias y llorando de alegría a las pocas horas de obtener el premio. Sin embargo, es excepcional que nos muestren qué ha sido de la vida de ellos tiempo después. Pero, como hoy existen estudios de casi todos los asuntos humanos, la investigación demuestra que, pasados entre seis y doce meses, las personas a las que les ha tocado la lotería muestran los mismos niveles de felicidad (o de infelicidad) que tenían antes de su golpe de suerte. Aunque, lógicamente, con más euros en el bolsillo. Algunas incluso se sienten más desgraciadas: el dinero ha generado la envidia de sus amigos, disputas con sus familiares y miedo a robos o a perderlo todo en un mal negocio.

¿Te parece asombroso este hecho? No debería. ¿Has encontrado algún objeto, posición social o logro externo que produzca un estado de felicidad estable? Seguro que no, porque no existe.

LA ADICCIÓN A LAS COSAS EXTERNAS

La sociedad de consumo nos convence de que seremos felices con lo que nos propone: una cuenta corriente millonaria, una casa más grande, un automóvil más confortable, un iPhone más nuevo... Es un proceso sin fin. Y nuestro entorno nos persuade con la idea de que necesitamos mucho dinero para conseguir esos objetos, lo que implica invertir tiempo y esfuerzo en el trabajo para poder pagarlos. El drama es que nos autoconvencemos de que lo superfluo es una necesidad. El ejemplo de Carlos es muy representativo.

CARLOS O LA DEPRESIÓN DE LA SOCIEDAD DE CONSUMO

Carlos era un hombre de cuarenta y nueve años, alto ejecutivo de una multinacional tecnológica de referencia mundial. No era el perfil de paciente que veo en el sistema sanitario público —personas de su elevado poder adquisitivo suelen consultar psiquiatras privados—, pero había oído hablar de mí y pidió cita con nosotros.

Era una persona que nunca había tenido problemas psicológicos, siempre había disfrutado de un gran éxito profesional y personal, pero, desde hacía algunas

---

semanas, se encontraba muy deprimido. Lloraba continuamente, no disfrutaba con nada, se encontraba agotado y no era capaz de concentrarse para trabajar, por lo que le habían recomendado una baja, y presentaba problemas de sueño y apetito.

Cuando le preguntamos por posibles causas desencadenantes, por circunstancias vitales que hubiesen facilitado el cuadro, culpaba con claridad a su situación laboral. Él era quien había levantado la empresa en los quince últimos años, pero ya había sobrepasado la cincuentena, una edad a la que las grandes empresas renuevan a sus ejecutivos y los sustituyen por personas más jóvenes y con mayor ambición. Habían decidido que seguiría siendo director ejecutivo, aunque asociado y subordinado a un nuevo jefe de menor edad. Sin embargo, lo peor de todo para él era que le habían reducido el sueldo. Esto lo consideraba lo más humillante y desestabilizador, porque, durante muchos años, su valía personal la había basado en su estratosférica nómina.

La residente que se encontraba esos meses formándose conmigo, una mujer muy capaz y sensata, formuló una pregunta innecesaria y que no era adecuada entonces: «¿A cuánto le han reducido el sueldo?». Carlos contestó compungido que a la mitad, es decir, a 15 000 euros al mes. Mi compañera, con cierta e indisimulada indignación, realizó un señalamiento de nuevo inoportuno e inútil, ya que en ese momento Carlos no podía digerirlo. Le dijo: «¿Es usted consciente de que ese salario es cinco veces superior al sueldo medio de cualquier licenciado en este país?». Como era de esperar, el paciente la miró asombrado, como si eso importase algo, ya que su mundo se había derrumbado y no era capaz de entender los mundos de otras personas.

Di un pequeño toque con el pie a la residente y retomé el control de la entrevista: «Lo entiendo perfectamente, Carlos. De la noche a la mañana su universo se ha hundido y usted se encuentra en *shock*. Podemos ayudarle a encontrar un nuevo sentido a lo que le ha pasado, a conectar con usted mismo y comprender que tiene otros muchos valores independientes de su nómina, y que la vida es mucho más rica que el ámbito laboral».

Cuando me quedé a solas con la residente, le comenté que el sufrimiento de cada ser humano es absolutamente genuino y sincero. Nuestra mente estructura cuáles son las causas que nos producen felicidad y desgracia, y cuando esas causas se derrumban, surge el dolor. Le recordé que nuestro compromiso como médicos era aliviar el sufrimiento de cualquier causa, porque todos los sufrimientos son igual de respetables, aunque no los comprendamos o los compartamos.

«TODOS SOMOS ADICTOS»

Buda, uno de los grandes sabios que ha dado la humanidad, afirmó que «todos somos adictos». Así dicha, puede resultar una frase controvertida. A lo que se refería era a que la relación que mantenemos con los objetos no es la de usarlos para nuestro bienestar y el de los demás, sino que tendemos a acumularlos sin compartirlos, y somos capaces de sentirnos bien pese a semejante egoísmo. Ese proceso puede considerarse un tipo de adicción.

Conocemos las adicciones llamadas *con sustancia:* se producen por el abuso y la posterior dependencia de sustancias como la marihuana, la cocaína o la heroína. Constituyeron un problema enorme en nuestro país en los años ochenta y noventa, pero ahora parece que, afortunadamente, el problema está algo más controlado. Sin embargo, en los últimos años han surgido las denominadas *adicciones sin sustancia.* Cada vez son más importantes, y ya han superado en número de afectados a las adicciones tradicionales con sustancia. Incluyen dependencias como las del juego, el sexo o los números de teléfono en los que te *adivinan* el futuro. Por supuesto, también está la de internet en todas sus variantes, desde las redes sociales hasta el simple acto de navegar sin rumbo fijo. Y aún hay una adicción más sutil: la de la tarjeta de crédito, la de comprar compulsivamente productos innecesarios por el subidón anímico que produce. La obtención rápida de un objeto deseado genera una descarga de dopamina en el cerebro, lo que constituye la base del llamado *circuito de recompensa.* Esto es lo que desencadena la adicción, y es a lo que se refería Buda cuando decía que todos somos adictos, pues a todos nos puede pasar. Como le ocurrió a Imelda.

Imelda o la necesidad de comprar compulsivamente

Imelda era una mujer de treinta y cuatro años, profesora de Matemáticas en un instituto. Consideraba que no había sido afortunada en la vida. Sus padres se divorciaron cuando ella tenía diez años y, después, apenas veía a su padre. Las cosas en casa no fueron fáciles. Aunque no pasaban necesidades, no les sobraba el dinero. Su madre nunca rehízo su vida y padecía frecuentes depresiones. Cuando esto ocurría, apenas se encargaba de las tareas domésticas y del cuidado de su hija. Cuando salía de la depresión celebraba una fiesta para la que compraba cosas casi siempre innecesarias. Era algo que repelía especialmente a Imelda pero, como suele ocurrir, esta acabó repitiendo el mismo patrón.

Ya de mayor, Imelda encontró dificultades para mantener parejas estables. Siempre tenía miedo a acabar como su madre, y tendía a romper las relaciones cuando se alcanzaba cierto compromiso. Padecía episodios depresivos (menos intensos y no tan frecuentes como los de su madre). Entonces, uno de sus patrones repetitivos era ir de tiendas y comprarse ropa o complementos. No eran objetos caros, pero no los necesitaba. Lo hacía por el subidón de bienestar que le producía el hecho de adquirir algo y de recurrir a la tarjeta de crédito. Como no pagaba en efectivo, sentía que nada costaba dinero.

Por desgracia, el bienestar no le duraba mucho. En pocas horas, al volver a casa, comprobaba que la

> compra era absurda y que no le sobraba el dinero; le entraban los remordimientos, el complejo de culpa y la autocrítica. A veces regresaba a la tienda a devolver el género, pero, como era un patrón frecuente, muchas otras le daba vergüenza hacerlo porque ya la conocían por ello.

Como ves, Imelda era una especie de adicta a las compras. Los adictos inician su consumo porque su mundo no les satisface por la razón que sea: en la adicción encuentran un universo paralelo en el que refugiarse. Inicialmente, les produce cierta satisfacción, pero, con el tiempo, encuentran que es un camino sin salida y, a menudo, sin retorno. En mi vida profesional he conocido muchas personas que, como Imelda, usan la compra compulsiva, en mayor o menor medida, a modo de evasión.

Recuerdo una paciente que, como sus ingresos eran ajustados (vivía de una pensión), compensaba su insatisfacción vital realizando compras compulsivas en tiendas de todo a un euro, pues resultaban asequibles para ella. Todos los días iba al mismo comercio y adquiría tres o cuatro objetos inservibles e innecesarios, pero que le permitían mitigar la monotonía de su vida. Me impresionó su relato porque la pregunta que solía hacerle al dueño del negocio era: «¿Qué tienen nuevo?». Le daba igual qué tipo de artículo llevarse: lo que la enganchaba era la sensación de consumir, de poder traer a casa algo diferente cada día, aunque nunca lo fuese a utilizar.

En la línea de la adicción a los objetos de la sociedad occidental, otro de los fenómenos que se observan es la cosificación del mundo. El ser humano moderno ha perdido el asombro, ya no posee la conexión con el entorno que tenían nuestros antepasados. Para los antiguos, todo lo que existe, sobre todo la naturaleza, era sagrado. La Tierra era un lugar misterioso, un milagro. Fenómenos como el sol y la luna eran considerados nuestros hermanos.

Así, los primeros pueblos indígenas de América del Sur aún se refieren a la Pachamama, la Madre Tierra, a la que representan como una deidad cariñosa y protectora del ser humano. En el contexto occidental, San Francisco de Asís, en su maravilloso *Cántico de las criaturas,* realiza una hermosa alabanza a la naturaleza, por eso se lo considera el patrón del ecologismo. Pero, sin duda, una de las máximas expresiones de esta conexión es la carta que envió, en 1855, el jefe indio Seattle al entonces presidente de Estados Unidos, Franklin Pierce, en respuesta a su oferta de compra de sus territorios en el actual estado de Washington. Los indios americanos, muy unidos a su tierra, no conocían la idea de propiedad. Es más, consideraban a la Tierra dueña de los hombres y no a la inversa. La carta resume las enseñanzas de los indios americanos, extraordinariamente parecidas a las de las tradiciones orientales: «Debéis enseñar a vuestros hijos lo que nosotros hemos enseñado a los nuestros: que la Tierra es nuestra madre. Todo lo que afecta a la Tierra afecta a los hijos de la Tierra. Cuando los hombres escupen al suelo se escupen a sí mismos».

En estos tiempos de emergencia climática y expoliación de los recursos del planeta, las palabras del jefe Seattle constituyen una premonición de las consecuencias de una visión del mundo tan materialista y egocéntrica como la de los occidentales en las últimas décadas. Actualmente se está produciendo una vuelta a las raíces, con actividades tan extendidas como los baños de bosque, pues hemos aprendido que, desgajados de la naturaleza, los seres humanos no somos felices, no podemos florecer.

Felicidad hedónica y eudaimónica

En los últimos años, la psicología positiva ha profundizado en la felicidad y ha retomado una clasificación que ya propuso Aristóteles hace 2500 años. Él afirmaba que existen dos tipos de felicidad: la hedónica y la eudaimónica, que resumimos en la siguiente tabla.

	TIPO DE FELICIDAD	
	HEDÓNICA	EUDAIMÓNICA
¿DÓNDE SE ENCUENTRA?	En objetos externos (dinero, poder, prestigio…).	En el interior (sentido de la vida).
DURACIÓN	Corta (de seis a doce meses).	Toda la vida.
RIESGO DE ADICCIÓN	Alto. Se asocia a la búsqueda incesante.	Nulo. Se asocia a la serenidad.

La mayoría piensa que la felicidad está fuera de nosotros, que depende de conseguir ciertos objetos, como el dinero o lo que se puede comprar con él. Constituye una idea extendida que la lotería, unos buenos estudios, un trabajo de calidad o una mezcla de todos estos factores nos llenará. A este tipo de felicidad se le llama *hedónica,* porque se sustenta en el placer, o *contingente,* ya que se basa en las cosas externas. Pero existe otra felicidad que depende de conectar con el sentido de la vida. A esta felicidad se la llama *no contingente* —es decir, no depende de objetos externos— o *eudaimónica.* No se rige por el placer, sino por la ética universal, la aceptación del mundo y de nosotros mismos y sentimientos prosociales. Ambas no son incompatibles, pero debemos ser conscientes de que la búsqueda de la felicidad hedónica es insatisfactoria.

A continuación vemos tres ejemplos recientes de búsqueda de felicidad eudaimónica en una sociedad tan consumista como la actual: la gran renuncia post-COVID-19, el movimiento Fire y las vocaciones tardías.

LA GRAN RENUNCIA POST-COVID-19 O LA BÚSQUEDA DE LO IMPORTANTE

Después de la pandemia de la COVID-19 que afectó al planeta en 2020, durante el año siguiente se dio en Estados Unidos un fenómeno consistente en que muchos trabajadores con empleos estables decidieron renunciar a su trabajo. No es que los cambiasen por empleos mejor remunerados o con otras características ventajosas, sino que engrosaban las listas del paro. Este hecho, descrito en Norteamérica pero que también afectó a otras economías occidentales, se denominó la *gran renuncia*.

Cuando se analizaron sus causas, se consideró que la principal razón eran las llamadas *epifanías* o *revelaciones*. Son situaciones en las que a la gente le ocurre algo repentino y reevalúa su vida: entre los elementos que considera, el trabajo es uno de los principales. A menudo, las epifanías son consecuencia de fallecimientos de seres queridos o desgracias económicas o de otro tipo. La pandemia, que forzó a una parada laboral total y a un encierro domiciliario con un gran aislamiento social, facilitó una reflexión profunda por parte de muchos millones de personas sobre el sentido de su existencia. Y lo que la mayoría descubrió fue que quería pasar más tiempo con los suyos, dedicar una mayor energía a lo que le hacía feliz y que quizá el trabajo —y la gran cantidad de tiempo y esfuerzo que requería— competía con objetivos más valiosos. Por eso eligieron empleos que se adaptasen mejor a su nueva visión del mundo.

EL MOVIMIENTO FIRE

El movimiento Finantial Independence, Retire Early (Independencia Financiera, Jubilación Temprana, Fire, por sus siglas en inglés) considera que trabajamos demasiadas horas cada semana durante demasiados años de vida. Surgido antes de la pandemia, propone jubilarse hacia los cuarenta o, como máximo, los cincuenta años, para lo cual es necesario un modo de vida austero, en el que se priorice lo imprescindible y se eliminen gastos superfluos y que permita disponer del mayor regalo que tiene el ser humano: el tiempo. Tiempo para invertir, con libertad, en lo que de verdad uno desea hacer con su vida.

Este movimiento nació, como casi todas las nuevas corrientes del momento, en Estados Unidos. A diferencia de lo que ocurre en España, allí los sueldos son más elevados, así que dedicar un porcentaje amplio de dicho sueldo a la jubilación resulta más fácil. Sin entrar en la forma de conseguir el dinero para esa jubilación anticipada —algo que me parece más discutible y complejo en nuestro país—, recurro al movimiento Fire porque es un ejemplo del descontento que empieza a surgir en nuestras sociedades ante el sistema de vida absurdo que llevamos.

LAS VOCACIONES TARDÍAS

Cuando era estudiante de bachillerato, me encantaba la literatura y, cómo no, los autores del Siglo de Oro. Entre ellos, uno de los que más admiré fue Lope de Vega, por la maestría de sus obras teatrales y su increíble rima. Sin embargo, aún me resultaba más inaudita su biografía. Intentaba entender qué había hecho a este hombre ordenarse sacerdote a los cincuenta y dos años, una edad que, en la época, y debido a la menor esperanza de vida, se consideraba la ancianidad. Los expertos dicen que su decisión se debió a una epifanía o revelación, ya que el escritor se encontraba sumido en una grave crisis existencial tras la muerte de varios familiares cercanos.

A lo largo de mi vida he visto muchas vocaciones tardías, y no solo en el campo religioso, sino en lo profesional; sobre todo, en el mundo de la educación y de la medicina. Y debo decir que la gran mayoría de estas personas se convirtieron en excelentes profesionales, a menudo mejores que sus colegas con vocaciones más precoces. Con frecuencia, el desencadenante de este cambio fue una epifanía, pero en otros casos fue un descubrimiento gradual de lo que de verdad importa. Es lo que le sucedió a Luisa.

LUISA O LA VOCACIÓN MÉDICA TARDÍA

Luisa fue la estudiante de Medicina de más edad que me ha ayudado en la consulta. Tenía unos cuarenta y cinco años cuando realizó conmigo las prácticas de Psiquiatría. Farmacéutica de profesión, había trabajado toda su vida como alto cargo en la industria farmacéutica. Cuando su compañía fue absorbida por una multinacional aún mayor, y ante el exceso de ejecutivos, se le ofreció una indemnización en el contexto de una reducción de plantilla. El dinero que recibió le permitía permanecer unos años sin trabajar para pensar en su futuro.

Madre de dos hijas ya adolescentes, Luisa decidió cumplir su vocación de siempre: estudiar Medicina. Cuando vino a mi consulta, no era la alumna con mejores notas de la carrera, pues bastante complicado resultaba formarse, dadas sus circunstancias. Pero sí puedo aseguraros que era de las mejores médicos que he conocido. Su amplia experiencia profesional y vital, la renuncia y el esfuerzo que había tenido que dedicar para alcanzar su sueño, le permitía conocer de primera mano el amplio abanico del sufrimiento humano. La invité a participar en la consulta a su criterio, y sus comentarios, siempre adecuados y oportunos, eran un dechado de compasión y sabiduría.

Le seguí la pista durante años y comprobé que se había convertido en una médico de familia muy querida y respetada en su entorno.

¿Has recibido alguna revelación o epifanía? A menudo se producen sobre temas laborales o profesionales y sobre nuestro estilo de vida en general. Pero, a veces, se desencadenan en relación con asuntos interpersonales o de pareja, alrededor de aspectos como el tipo de vivienda, la ciudad o el país de residencia o sobre a qué dedicar el tiempo de ocio.

No es fácil escuchar las epifanías, porque si llegan, solemos estar enfrascados en el fragor de la batalla de la vida y aturdidos por los gritos continuos de nuestro diálogo interno. Por eso nos cuesta mucho tener perspectiva, sentarnos y sentirnos. Si alguna vez lo has hecho y has conseguido oír esas revelaciones de nuestro interior más profundo, te recomiendo que te concentres en ellas y, si las circunstancias son mínimamente propicias, las sigas. Como dice un aforismo sufí: «Cuando tengas que elegir entre varios caminos y no sepas por cuál decidirte, sigue siempre el camino del corazón: nunca te equivocarás».

La vida con sentido: La felicidad dentro de nosotros

Como ves, frente a la adicción a los objetos externos (felicidad hedónica), hay una alternativa de felicidad, más duradera y estable, de tipo eudaimónico, que está ligada a la sensación de ser útil, de tener un sentido, un propósito. Muchas personas la encuentran de forma espontánea, como Luisa. Pero otras no solo no la encuentran, sino que ni siquiera la buscan porque no pueden imaginar que existe.

Una de las preguntas que suelo hacer en la consulta, sobre todo a personas con enfermedades crónicas o que han sufrido circunstancias externas adversas importantes, es: «¿Cuál es el sentido de su vida?». La mayoría de la gente no sabe qué responder: me miran asombrados, como si fuera un tema irrelevante de cara a lo que les pasa. En el penúltimo capítulo aprenderemos a conectar con este sentido de la vida; en este hemos comprendido la importancia de hacerlo y la frecuencia con que nuestra parte más sabia nos envía revelaciones.

En mi experiencia, cuando miro hacia atrás compruebo que siempre han existido tres aspectos clave: mi familia, mi profesión de psiquiatra y mi práctica meditativa. Todas mis revelaciones han tenido que ver con ellos. En general, he seguido las epifanías de las que he sido consciente, y siento que en todos los casos tomé la decisión adecuada, aunque estuviese asociada a dificultades. La sensación de máxima coherencia y felicidad la alcancé cuando pude fusionar mi profesión y la práctica meditativa: no entraban en conflicto, sino que se potenciaban mutuamente cuando volqué mi trabajo hacia el *mindfulness* y las ciencias contemplativas. Por eso, uno de los mejores consejos que se le puede dar a alguien es que intente que su oficio no solo le guste, sino que conecte con su sentido de vida más profundo.

LA PARÁBOLA SUFÍ DE LA LLAVE

Se dice que esta anécdota le ocurrió al mulá Nasrudín, santo y poeta sufí del siglo XIII, del que se discute si existió o es un personaje de ficción. En cualquier caso, fue el protagonista de muchas enseñanzas de sabiduría como la siguiente.

Una noche, se encontraba Nasrudín dando vueltas alrededor de una farola mirando el suelo. Pasó un vecino por el lugar y le preguntó:

—¿Qué haces, Nasrudín? ¿Has perdido algo?

—Sí, estoy buscando mi llave.

El vecino, solidario, le aseguró que le ayudaría a encontrarla y empezó a buscar. Al rato apareció un segundo vecino y, después, un tercero. Ambos colaboraron también. Cuando ya llevaban un rato, uno de ellos comentó:

—Nasrudín, hemos buscado tu llave durante mucho tiempo y no aparece. ¿Estás seguro de que se perdió aquí?

—No, no… No la perdí aquí.

—¿Dónde la perdiste entonces? —interrogó el vecino, atónito.

—En mi casa.

—¿Y qué hacemos buscándola aquí?

—Es que aquí hay más luz y mi casa está muy oscura.

Esto es lo que les ocurre a muchas personas: buscan la llave de la felicidad fuera de ellas mismas porque el resplandor de los objetos externos nos ciega. Pero donde realmente se ha perdido y la podemos encontrar es en nuestro interior, aunque el lugar sea más oscuro y difícil.

PRÁCTICA 1:
CONECTANDO CON LAS REVELACIONES INTERNAS

Cierra los ojos y adopta una postura cómoda. Visualízate a los veinte años. Desde ese momento, analiza tu vida en períodos de cinco años hasta la edad actual. Observa los cambios importantes que has hecho en tu vida: relaciones de pareja o interpersonales, cambios de trabajo, mudanzas de casa, ciudad o país... Observa también fases de crisis, de malestar, de dudas sobre cómo seguir adelante.

¿Sientes que tuviste revelaciones en algunos de esos momentos o en otros? ¿Te guiaste por ellas? ¿Qué impacto tuvo la decisión de hacerles caso (o no)? En general, si esas epifanías son sinceras, nuestra coherencia personal y el sentido de vida aumentan si las seguimos.

PRÁCTICA 2:
DIFERENCIAR LA FELICIDAD HEDÓNICA DE LA EUDAIMÓNICA

Cierra los ojos y piensa en algunas sensaciones de felicidad que has experimentado en los últimos meses. ¿Puedes ver la causa de esa felicidad? ¿Era una felicidad hedónica, causada por algo externo que te produce placer? ¿O era una felicidad eudaimónica, que no va ligada a un objeto externo, sino a algo que ocurre en tu interior?

Si en todos los casos el tipo de felicidad es hedónica, busca alguna situación en la que hayas experimentado felicidad eudaimónica, que no haya ocurrido por la consecución de un objeto externo. ¿Notas diferencia entre ambos tipos de felicidad? ¿Cuál de las dos es más profunda y te da mayor serenidad? ¿Cuál de las dos es más estable?

Ambas no son excluyentes, pero solemos centrarnos en la felicidad hedónica, lo cual refuerza la mente en *modo hacer*.

RECUERDA

▶ La principal diferencia en la forma de ver el mundo entre las culturas del planeta a lo largo de la historia es el hecho de dónde buscar la felicidad: si fuera de nosotros, en los objetos externos, o en nuestro interior.

▶ La disyuntiva entre *tener* y *ser* es el antiguo dilema sobre el que las sociedades han tenido que evolucionar. En general, «cuanto más se tiene, menos se es».

- La sociedad de consumo occidental facilita la creación de una cultura en la que todos somos adictos, de modo que comprar objetos externos nos produce un subidón emocional que nos compensa cuando sentimos que la vida es insatisfactoria.
- Es posible que alguna vez hayas tenido alguna revelación o epifanía sobre por dónde debías dirigir alguno de los aspectos de tu vida. ¿La has oído? Y, sobre todo..., ¿la has seguido?

4

CONOCIENDO Y CALMANDO LA MENTE: EL 'MINDFULNESS'

El camino a todas las cosas grandes
pasa por el silencio.
Friedrich Nietzsche

No solo Nietzsche y otros grandes pensadores le han dado una enorme importancia al silencio: en la mayoría de las tradiciones religiosas y contemplativas es la puerta de entrada a la experiencia espiritual. En el cristianismo, cuando el profeta Elías subió al monte Sinaí para hablar con Dios, no lo encontró en el huracán, el terremoto o el fuego, sino que, al cesar el ruido, oyó un «susurro silencioso»; fue entonces cuando Dios le habló (en el Antiguo Testamento, del Primer Libro de los Reyes, capítulo 19). Desde entonces, los místicos cristianos afirman que «la voz de Dios es el silencio», y algunos de ellos, como el sacerdote Pablo d'Ors, han dedicado libros enteros al tema.

Por eso, muchas órdenes monásticas cristianas, como la de los cartujos, guardan largas etapas de silencio en el marco de su compromiso religioso. También en los retiros meditativos de la tradición budista se habla del «noble silencio», período en el que los participantes no pueden comunicarse mediante ningún tipo de lenguaje oral o corporal para facilitar la meditación.

En ambos casos lo que resulta obvio es el silencio externo, la ausencia de ruido producido por los humanos, principalmente el del lenguaje. Pero, a diferencia de lo que la mayor parte de las personas creen, ese silencio no es el más importante. De hecho, las dos tradiciones que hemos visto facilitan el silencio externo para que pueda generarse el silencio interno, que es el auténtico objetivo al tratarse del más relevante.

¿Qué rompe el silencio interno? No sería raro que te hayas planteado esta pregunta. Observa tu mente y comprueba que continuamente hablamos con nosotros mismos, comentamos y evaluamos lo que ocurre a nuestro alrededor y pensamos en el pasado o en el futuro. Este proceso es lo que denominamos *diálogo interno,* y, aunque siempre nos acompaña, se da con mayor intensidad cuando la mente no tiene una tarea concreta. Es decir, cuando nos aburrimos o la actividad que realizamos nos parece rutinaria. Ya hemos hablado de él en el capítulo 2 y analizado su estrecha relación con el estrés y el malestar psicológico. En este capítulo vamos a intentar disminuir su frecuencia y su fuerza para que desaparezca de vez en cuando, aunque sea por unos segundos. De esta forma comprobaremos la sensación de bienestar que produce su ausencia. Si queremos desmantelarlo, tenemos que conocer para qué lo usamos y cuál es su función.

Cómo generamos diálogo interno e inatención

Hemos comentado que los científicos consideran que vivimos en la sociedad con menos capacidad de atención de la historia, que nos encontramos en un estado de atención parcial

continua. ¿Por qué? Las nuevas tecnologías, como las panta-
llas y los móviles, que nos absorben continuamente, son una
causa importante. Siempre vamos con prisa y tenemos muchas
cosas importantes que hacer, como ya hemos dicho.

Y junto a ello hay dos hábitos mentales frecuentes y no-
civos que hemos desarrollado:

— El piloto automático: es la tendencia a pensar en algo
diferente de lo que estamos haciendo. Lo observamos, sobre todo, cuando realizamos tareas rutinarias: mientras fregamos, pensamos lo que le diremos
a nuestro jefe; paseamos por el parque e intentamos
resolver problemas; o estamos pelando una patata y
recordamos una situación agradable del pasado. El
piloto automático ocurre de forma involuntaria, y está
detrás de muchos errores y despistes en nuestras actividades diarias.

— La multitarea: consiste en realizar, de forma voluntaria, varias tareas a la vez. En el trabajo es frecuente
estar contestando mensajes de correo electrónico a la
vez que contestamos al teléfono o mientras escribimos
un informe. En la vida diaria solemos comer viendo la
televisión, caminar hablando por el móvil o escuchar
música cuando escribimos en el ordenador. Hoy sabemos que casi nadie es más eficaz realizando multitarea
y que, además, para la mayoría es estresante.

Todo esto provoca que nuestra mente esté siempre generando ruido, un diálogo interno a menudo difícil de aguantar. Esa es la razón por la que tanta gente, cuando sube al

coche, conecta inmediatamente la radio o que, al llegar a casa, enchufa la televisión si no hay nadie. El ruido que producen acalla ese diálogo continuo.

Sin embargo, cuando anochece, antes de dormir, los sonidos exteriores cesan y el ruido interno puede ser terrible. Muchos de quienes padecen insomnio relatan esta experiencia: la constante voz interna sobre diferentes temas, a menudo irrelevantes, les impide dormir. La experiencia de Alberto es un buen ejemplo.

ALBERTO O EL MIEDO A LA NOCHE

Alberto era un hombre de cuarenta y ocho años, ejecutivo en una multinacional farmacéutica. No tenía especiales problemas ni familiares ni laborales en su vida y era razonablemente feliz. Pero siempre estaba preocupándose por algún tema. En el trabajo, donde era muy exitoso, se había acostumbrado a planificar todas sus acciones de forma minuciosa. Con el tiempo, se volvió especialmente controlador en el día a día, incluida su vida familiar y personal. Cuando realizaba actividades rutinarias adelantaba trabajo. Así, de camino al trabajo, telefoneaba desde el coche a sus subordinados para organizar lo que harían esa mañana en la oficina. Mientras paseaba por el parque o corría, pensaba en asuntos de la compañía para resolverlos. Todas sus comidas o cafés eran reuniones laborales, y en la mayoría de sus conversaciones, incluso con amigos, sus temas preferidos eran los profesionales, y acababa encuestando a sus interlocutores sobre cuestiones de empresa.

La noche era el momento más difícil: cuando ya no había ruidos externos, como los de la radio y la televisión, ni actividades por completar ni objetivos que lograr, su mente se disparaba. Su pensamiento funcionaba igual que el resto del día, con afán de planificar y controlar, pero aquello le impedía dormir. Se acostumbró a los somníferos en dosis cada vez más altas, pero no era suficiente. Cuando lo vi en la consulta, había desarrollado síntomas de ansiedad y depresión. Presentaba miedo a la noche, y el cansancio acumulado por la falta de sueño había reducido mucho su rendimiento laboral. La práctica progresiva de *mindfulness* fue reduciendo sus problemas de sueño.

Alberto es un buen ejemplo de que los seres humanos tenemos que realizar una elección en nuestra vida en relación a cómo disciplinamos nuestra mente: o la entrenamos en la atención, mediante la práctica de *mindfulness* o de ejercicios atencionales, o bien la entrenamos en la dispersión, a partir de la multitarea, el piloto automático y el estar continuamente pensando y preocupándonos. De esta forma, nuestra mente se especializará, de manera inevitable, en una disciplina o en la otra. Pero la gente piensa, erróneamente, que puede compatibilizar las dos: que, mientras hace algo aburrido, como pelar una patata, puede estar resolviendo cuestiones y que, cuando ocurre algo importante, como que su hijo adolescente le cuente un problema, es capaz de mantener la máxima atención. Sin embargo, no ocurren así las cosas: la mente actúa de la forma en que ha sido entrenada.

Los seres humanos no vivimos la vida, la pensamos

Observa lo que hacemos habitualmente en el día a día. Si alguien nos regala una rosa, lo ideal es admirar su belleza y su colorido, extasiarse ante su fragancia o fascinarse con su suave tacto. Pero lo que solemos hacer es preguntarnos dónde habrá sido comprada, cuánto habrá costado o, quizá, por qué nos la han regalado. Si oímos el canto de un pájaro, no nos embelesamos por la belleza del sonido, sino que queremos saber de qué pájaro se trata. Y, cuando nos habla otra persona, no escuchamos lo que nos dice, sino que intentamos entender por qué nos lo dice, nos preguntamos qué piensa de nosotros y, sobre todo, nos planteamos lo que responderemos cuando termine.

Nuestra mente no para de interpretar el mundo, quiere saber por qué las cosas son de una forma u otra y etiqueta lo que ocurre en forma de experiencias agradables, desagradables o neutras. Es un esfuerzo agotador. Obsérvate en cualquier situación o acción: ¿vives el momento y disfrutas de él? ¿O piensas en lo que está ocurriendo, en por qué se está produciendo y en cómo te va a afectar? Son los dos posibles funcionamientos de la mente.

Las dos mentes: El 'modo hacer' y el 'modo ser'

La neurociencia descubrió hace unos treinta años que existen dos funcionamientos básicos de la mente humana, los modos *hacer* y *ser,* que son característicos —pero no específicos— de los pensamientos occidental y oriental, respectivamente. Se basan en premisas muy diferentes.

El *modo hacer* de la mente es una manera de funcionar orientada a la conquista de una meta. Considera que la felicidad está fuera de nosotros y, por eso, tiene una expectativa básica: lograr lo que nos gusta y evitar lo que no nos gusta. Lo que deseamos puede ser tan material como el dinero y el sexo o algo espiritual, como la iluminación, pero lo importante es que queremos obtenerlo. Por ello, la mente juzga y lo interpreta todo como bueno-malo o agradable-desagradable, en relación con la consecución de su propósito. El presente tiene una importancia escasa porque la meta que queremos no está en el ahora, así que el cerebro analiza el pasado en busca de lo que ya hemos logrado con respecto al objetivo y planifica el futuro en función de lo que le falta por alcanzar. Por eso estamos siempre con un incesante y agotador diálogo interno, con la mente centrada en las discrepancias entre cómo son las cosas y cómo nos gustaría que fuesen. Es el modo habitual de funcionar de nuestro cerebro, y no imaginamos que existe otro.

Por el contrario, el *modo ser* de la mente sabe que la felicidad reside dentro de nosotros, no fuera. Por tanto, no busca conseguir algo externo, sino que se relaciona con la vida y desea experimentarla a fondo, con curiosidad: el presente es lo único importante porque es donde todo ocurre.

Al no surgir la expectativa de encontrar algo que nos haga felices, no es necesario etiquetar el mundo en bueno-malo, me gusta-no me gusta. Cada experiencia, cada segundo, cada día son únicos e irrepetibles: una maravilla y un misterio. Esa mente no requiere un diálogo interno continuo, porque aspira a nada concreto y, por tanto, no impone controlar el mundo: fluye con él. A continuación, resumimos las diferencias entre estas dos formas de funcionar de la mente.

	'Modo hacer'	'Modo ser'
Funcionamiento mental	Conceptual (pensar).	Experiencia directa (sentir).
Actitud básica	Juzgar e interpretar.	Dejar estar.
Objetivo principal	Conseguir lo que nos gusta y evitar lo que no nos gusta.	Experimentar la vida con curiosidad.
Voluntariedad	Proceso automático.	Proceso intencional al principio (hay que entrenarlo).
Orientación en el tiempo	Pasado y futuro.	Presente.
Actitud hacia los eventos mentales	Nuestros pensamientos son la realidad.	Los pensamientos son fenómenos mentales.

LOS MOMENTOS DE LA MENTE EN 'MODO SER'

La mente, a veces, puede parar de pensar: entonces, la forma que tenemos de ver el mundo resulta completamente diferente. Seguro que a ti también te ha ocurrido. Es más frecuente en medio de la naturaleza, ante algún bello paisaje, al amanecer o al anochecer: miraste lo que te rodeaba y quedaste fascinado por su belleza, sin palabras. Fue una sensación de intensa conexión con el mundo, duró uno o dos minutos, incluso menos. ¿Recuerdas experiencias así? ¿Fuiste consciente de por qué se produjeron? Simplemente, porque no había diálogo interno, porque no estabas hablando contigo mismo. Viste el mundo tal como es... Y es fascinante. A ese modo de funcionar de la mente lo llamamos *modo ser,* y es poco frecuente que aparezca en el mundo actual, con la mente tan dispersa. Sí, el *modo ser* es algo excepcional, pero existe. En épocas anteriores del ser humano, en especial cuando éramos cazadores recolectores, era la forma habitual de funcionar. Es muy agradable y produce una gran sensación de descanso mental.

El *modo ser* no es un estado antinatural o alterado, donde toda actividad debe parar. Tampoco el objetivo es mantenerse siempre en *modo ser,* ya que la realización de ciertos ejercicios intelectuales o que conlleven una meta tienen que desarrollarse en el *modo hacer.* Lo que se pretende es no quedarse sistemáticamente instalado en el *modo hacer,* atrapados en nuestro diálogo interno, siempre pensando en algo. Por eso, aunque lo intentemos en vacaciones o al irnos a dormir, por ejemplo, no podemos desconectar. Nuestra mente sigue habituada a querer conseguir cosas y controlar el mundo, incluso cuando no es necesario.

Vemos la importancia de ambas formas de funcionar: el *modo hacer* es muy útil para resolver problemas o tomar decisiones, pero nos estresa. El *modo ser* nos permite disfrutar de lo que nos rodea y sentirlo, nos relaja, y se asocia a una gran sensación de bienestar y a la creatividad. A mucha gente le da miedo el *mindfulness* porque piensa que, si estuviésemos continuamente en *modo ser*, su vida sería un desastre. Pero lo que se plantea es no estar siempre en *modo hacer*, lo cual no quiere decir que haya que estar siempre en *modo ser*, sino que podamos pasar de uno a otro, de manera voluntaria y consciente, según lo que necesitemos en cada momento para responder al entorno.

LA FUNCIÓN DEL DIÁLOGO INTERNO

La charla con nosotros mismos la utilizamos para múltiples actividades, como planificar el futuro, recordar el pasado, interpretar lo que los otros sienten o piensan o razonar por qué actuamos como lo hacemos. Y esto, que nos entretiene la mayor parte de las horas del día, provoca que no nos concentremos en lo que estamos haciendo.

Por ejemplo, pelamos una patata, pero, a la vez, pensamos en el próximo fin de semana. Nos duchamos por la mañana mientras imaginamos lo que le diremos a nuestro jefe para convencerlo de algo. O paseamos por el parque al tiempo que intentamos entender por qué nuestra pareja actúa de tal o cual forma. En suma, nunca estamos donde estamos, pues el presente, en general, nos desagrada o nos aburre.

Pero ¿por qué pensamos continuamente? ¿Cuál es la función del diálogo interno? El diálogo interno otorga sensación de control en un mundo incontrolable. Lo cierto es que, en última instancia, los seres humanos no controlamos nada: no elegimos cuándo o dónde nacer, ni nuestras características físicas o psicológicas ni lo que nos ocurrirá en el futuro. Pero tenemos la expectativa de controlarlo. Creemos que, si rumiamos sin parar lo que vamos a hacer y pensamos minuciosamente todos los detalles, las cosas saldrán como queremos. Sin embargo, la vida nos demuestra que no es así. Cuando llega el momento, casi siempre ocurre algo incontrolable y el resultado no es el esperado.

También tenemos la idea de que, si comprendemos por qué nos ocurren las cosas, podremos prevenirlas más adelante. Por ejemplo, si hemos experimentado una situación adversa, como una ruptura, interpretar lo que nos ha sucedido y buscar las causas del fracaso nos produce una falsa sensación de seguridad, de que podremos evitar que vuelva a pasar. Sin embargo, la experiencia nos dice que eso no nos asegura que no se repita. Todos tenemos expectativas sobre cómo deben ser nuestra pareja, la familia, el trabajo o las vacaciones. El diálogo interno busca controlar el mundo para que se ajuste a nuestras expectativas, a cómo queremos que sea.

El efecto adverso: La preocupación

El coste de querer controlarlo todo es la preocupación, es decir, la rumia continua sobre pensamientos negativos, resultados inciertos o situaciones que podrían salir mal. O aceptamos que el control absoluto es imposible o la respuesta de la mente es la preocupación como forma de vida, la ansiedad ante lo nuevo, lo desconocido o lo dudoso.

El manejo de la incertidumbre, es decir, la capacidad de aceptar que no podemos controlarlo todo, posee una gran influencia en nuestras vidas. Así, los seres humanos tenemos que asumir que nunca seremos capaces de controlar por completo el riesgo de padecer una enfermedad. Las personas que no soportan esta incertidumbre se convierten en hipocondríacas. También debemos asimilar que no es factible predecir peligros ni experiencias negativas. De nuevo, quienes no pueden asumir esta *incontrolabilidad* se transforman en ansiosos crónicos.

BERENICE O LA PREOCUPACIÓN COMO FORMA DE VIDA

Berenice era una mujer que tenía treinta y cinco años cuando la conocí en la consulta hace más de una década, en una época en la que las pandemias eran desconocidas. Ya entonces entraba en mi despacho con una mascarilla, pues consideraba que el centro de salud era un lugar peligroso, porque en él existía una alta presencia de virus y bacterias. Llevaba mucho tiempo sin viajar en avión por el miedo a los accidentes. También evitaba trenes, autobuses y transportes públicos, e incluso montar en coche, por la misma razón. Prefería ir a todas partes andando, y había renunciado a salir de su ciudad si no era estrictamente

---

imprescindible. Siempre bebía agua embotellada para eludir infecciones, el pescado lo congelaba por la amenaza de anisakis y, desde la crisis de las vacas locas, no había vuelto a comer carne. No iba por la calle de noche por miedo a los atracos, aunque vivía en una localidad muy segura. Tras la crisis económica de 2008, sus ahorros, relativamente modestos, los repartía en varios bancos por si alguno quebraba. Se realizaba chequeos anuales pese a su juventud y a su buena salud. Estas conductas son solo una muestra de su intento de controlar cualquier situación adversa o imprevista, pero había muchas más.

¿Puedes imaginarte el coste y el sufrimiento de Berenice para intentar (porque nunca se consigue) tenerlo todo controlado? Berenice poseía rasgos de personalidad obsesiva, pero mantenía un trabajo de responsabilidad y bien remunerado y una vida interpersonal limitada aunque satisfactoria. Sin llegar a su nivel de preocupación y control, he conocido a mucha gente que muestra algunas de estas conductas en algún grado. La moraleja a la que quiero llegar es que resulta imposible controlarlo todo, por mucho que se preocupe nuestra mente. Y el coste del control excesivo no es solo una preocupación continua que ocupa la mayor parte de nuestro tiempo, sino una menor calidad de vida por aquello a lo que hay que renunciar.

EL MITO DE LA MENTE EN BLANCO

A lo largo de la historia de la humanidad, muchos mitos que hemos defendido durante milenios han caído gracias a la ciencia. Uno de ellos fue el del terraplanismo: consiste en aceptar la sensación que nos produce la Tierra de ser plana. Aunque aún lo creen algunas culturas no desarrolladas, hace siglos que se demostró que no es así. El geocentrismo es otro ejemplo: percibimos que es el sol el que gira alrededor de la Tierra, pero no es lo que ocurre. En 1600, Giordano Bruno fue quemado vivo en la hoguera por defender que era la Tierra la que giraba alrededor del sol.

En relación con la mente, existen varios mitos que estamos desmontando en este libro. Uno de ellos es el de que podemos poner la mente en blanco de forma voluntaria. Como estamos continuamente pensando y eso nos produce malestar, intuimos que el bienestar se asocia a parar tanta actividad del cerebro, lo cual es cierto: el error es creer que somos capaces de forzarlo.

Cuando en la consulta de psiquiatría alguno de mis pacientes me pide que le ayude a dejar de pensar continuamente de forma *rumiativa,* siempre les pregunto cómo lo intentan ellos. Las respuestas suelen ser muy parecidas: incluyen cerrar los ojos y hacer fuerza con la cara y los puños mientras se repiten a sí mismos alguna frase del tipo «voy a parar de pensar». Por supuesto, es inútil por lo que ya hemos dicho: querer dejar de pensar de forma voluntaria es un mito, no es factible. A la mente se la puede entrenar en la atención, y, de esta forma, ella misma irá ralentizando el proceso de pensamiento y disminuyéndolo con los años cuando no sea necesario.

La mente funciona a la inversa del mundo externo

Este es otro de los grandes mitos sobre la mente que quiero desmontar: la idea de que la mente funciona igual que el mundo externo. En la vida diaria, si yo no quiero estar con una persona o tener una experiencia, huyo de ella, me alejo y... objetivo conseguido. Pero con la mente no ocurre lo mismo: si no deseo un pensamiento —o una emoción— y lo rechazo o me peleo con él, es posible que se marche al principio, pero enseguida volverá, y con mayor fuerza.

Si alguien te dice que no pienses en un elefante rosa, en cuanto lo oyes ya estás envenenado: para no pensar en un elefante rosa, piensas en no pensar en él, es decir piensas en él. Eso es lo que ocurre cuando tenemos pensamientos negativos, por ejemplo, si padecemos una depresión. La gente, intuitivamente, quiere quitarse esos pensamientos de la mente y hace como mis pacientes: cierran los ojos, aprietan los puños y se repiten «voy a dejar de pensar en esto tan negativo». Pero no lo consiguen porque piensan en no pensar en ello y, por lo tanto, no logran quitárselo de la cabeza.

La estrategia recomendada es realizar un ejercicio de atención tipo *mindfulness,* como, por ejemplo, atención a la respiración. De esta manera, al soltar la atención del pensamiento negativo y volcarlo en la respiración, el primero se irá. La metáfora que se usa es la de querer librarse de una pelota de goma en una piscina: si uno la hunde con energía para quitársela de encima, esta rebota aún con más fuerza. El secreto es pasar de ella y poner atención en otra cosa; así, la pelota se alejará, cuando sea, por el movimiento natural del agua. Por eso se aplica esta técnica de *mindfulness* en la depresión recurrente y se considera la psicoterapia más eficaz para prevenirla.

La solución definitiva para la estabilidad de la mente es desarrollar la atención. La atención no es una cualidad menor, sino que, desde los orígenes de la psicología, se considera fundamental. William James, uno de los padres de la disciplina, sostenía: «Nuestra experiencia es aquello a lo que prestamos atención». Construimos así el mundo. Una persona hipocondríaca no puede dejar de prestar atención a síntomas, enfermedades y médicos. Un individuo deprimido o pesimista es incapaz de acallar emociones y pensamientos negativos, mientras que un sujeto optimista o feliz presta atención, sobre todo, a emociones y pensamientos positivos. Nuestras vidas no son tan diferentes entre sí, el punto clave es dónde ponemos la atención. La propuesta del *mindfulness* consiste en desarrollarla lo suficiente como para dirigirla hacia aquello que queramos o nos resulte más agradable.

La principal consecuencia de la inatención resulta muy evidente: es la disminución del rendimiento en cualquier actividad. Por eso el *mindfulness* se utiliza en estudiantes o trabajadores, para que sean más eficaces y productivos. Sin embargo, existe otro efecto para mí aún más importante, y es que una mente atenta y estable es una mente mucho más feliz. La felicidad no depende de conseguir objetos externos, sino de que la mente se encuentre estable, de su capacidad para mantener la atención. Ya sé que esto es difícil de entender, pues nunca lo hemos experimentado. Sin embargo, si nos dijesen que practicar ejercicio físico contribuye a que nos encontremos mejor, casi todos asentiríamos, ya que eso sí lo hemos comprobado.

No obstante, hay numerosos estudios que confirman esta relación: la gente que es feliz pasa la mayor parte del tiempo con la mente en lo que está haciendo. Por el contrario, la gente que no es feliz se dedica a pensar en temas ajenos a lo que el cuerpo ejecuta: se encuentra fuera del presente.

ARIANNE O ALGUIEN QUE HA ALCANZADO EL SILENCIO INTERNO

Arianne ha sido una de mis profesoras de yoga a lo largo de la vida. Es una mujer de edad avanzada, que se dedicó a la docencia en un instituto antes de centrarse en la enseñanza del yoga y del *mindfulness*.

Su cara, naturalmente relajada, y sus movimientos, pausados pero sin lentitud, con una completa presencia en aquello que está haciendo en ese momento, le otorgan un atractivo único. Nunca tiene prisa, con ella la sensación del paso del tiempo se diluye. Jamás la he visto gritar o enfadarse, por lo que consigue transmitir una paz adictiva. No habla demasiado, solo cuando es necesario. Y, cuando lo hace, desprende tanta verdad que sus palabras dejan huella.

Alguna vez hemos hablado del diálogo interno, y me ha confesado que apenas sabe qué es eso. ¿Por qué pensar en otra cosa mientras hago algo, si yo he decidido lo que voy a hacer y cualquier actividad que realizas en este mundo es fascinante?

¿Cómo se entrena la atención?

Si bien la psicología occidental ya al principio valoró el entrenamiento en la atención, no supo muy bien cómo conseguirlo de una forma lo suficientemente eficaz hasta la introducción de la meditación oriental en Occidente, a mediados del siglo XX. La buena noticia es que la atención se puede entrenar con el uso regular de prácticas específicas, como el *mindfulness*. Cualquiera de estas prácticas consta de cuatro pasos, lo único que varía es el objeto en el que se fija la atención. Las cuatro fases son las siguientes:

1. Poner la atención en un punto: dicho punto, que se denomina *soporte* o *anclaje,* suele ser las fosas nasales durante la respiración en *mindfulness*, el cuerpo en la práctica del *body scan* o también los sonidos. En todos los casos la respiración es nasal y no se fuerza, solo se observa. Vamos a elegir el *mindfulness* en las fosas nasales por ser el ejercicio más frecuente. Llevamos a esa parte del organismo nuestra atención y atendemos a las sensaciones corporales. Notamos que necesitamos un esfuerzo mental para hacerlo.

2. Esperar a que la mente divague: hemos visto que la mente divaga, es decir, atiende a una cosa diferente de la que estamos haciendo la mitad del tiempo. Para entrenarla tenemos que *pillarla* cuando se distrae. Simplemente, con la atención en las fosas nasales esperamos a que la mente se distraiga; lo hará ella sola, ya que es su forma natural de funcionar, aquello en lo

que está entrenada. Por eso, en esta fase no hay que esforzarse. Los objetos que habitualmente distraen la mente son los pensamientos, las sensaciones corporales (dolor, picor) y los sonidos.

3. Darse cuenta de que la mente se ha distraído: este es el punto clave y el más difícil. Estamos tan acostumbrados a que la mente divague que ni nos damos cuenta de que lo hace. Generalmente tardamos segundos o minutos en ser conscientes de que tenemos la mente en una cosa diferente de aquella a la que habíamos decidido atender. Idealmente, debemos darnos cuenta de que la mente se despista desde los primeros momentos, sin dejarnos atrapar durante segundos o minutos. Da igual que nos distraigamos muchas veces, pues es lo normal para una cabeza no entrenada, la clave es que nos demos cuenta lo antes posible.

4. Volver a la respiración amablemente: ahora que nos hemos dado cuenta de la distracción, volvemos lo antes posible al punto inicial, en este caso, a las fosas nasales. Y lo hacemos sin enfadarnos con nosotros mismos ni con la mente que se distrae, ya que sabemos que debe ser así porque nuestro cerebro no está entrenado en la atención. Debemos tener la misma paciencia que si estuviésemos con un niño o con un cachorro.

Este proceso lo repetiríamos una y otra vez durante todo el tiempo de meditación, que, inicialmente, no debería ser mayor de cinco minutos para evitar cansarnos. De manera progresiva, conforme nos vaya resultando más fácil, podemos alargarlo a diez o a quince minutos. Meditar es como conducir un coche: al principio es muy complejo porque tenemos que estar pendientes de muchas cosas: acelerador, freno, volante, luces. Pero, con la práctica, el proceso es automático. Con meses de entrenamiento, la mente habrá aprendido a no saltar de un objeto a otro como un mono y nosotros encontraremos la paz.

PARÁBOLA: LOS TRES MONJES Y LA BANDERA DE ORACIONES

Tres monjes se encontraban sentados, en su tiempo libre, observando el movimiento de una bandera de oraciones que colgaba de un asta a la entrada del templo en el que vivían y que estaba siendo batida por la brisa del atardecer. Impresionado por el simple pero bello espectáculo, el monje novicio afirmó: «Mirad cómo se mueve la bandera». Unos segundos más tarde, en un contexto de quietud meditativa, el segundo monje, de mayor edad y experiencia, comentó: «No es la bandera la que se mueve, sino el viento». Minutos después, el tercer monje, el más anciano y sabio, concluyó: «Observad que no es la bandera ni el viento lo que se mueve…, sino vuestras mentes».

La práctica de la atención nos permite disfrutar de la belleza del mundo en cada momento. No es necesario comentarla ni compararla con nada, simplemente podemos dejarnos fascinar por la vida y disfrutar de ella. Inicialmente es difícil que no se fuerce de alguna forma para que sea más rítmica, pero intentamos no hacerlo.

Práctica formal: Contar respiraciones

La técnica más sencilla y recomendada al principio por todas las tradiciones meditativas es contar respiraciones. Ya hemos dicho que la respiración es nasal y que nunca se fuerza, se deja que ocurra de forma espontánea. Con todo, es difícil que no la controlemos, aunque sea sutilmente.

El ejercicio consiste en contar cada respiración, es decir, la suma de inspiración y espiración. Se cuenta hasta diez y luego se vuelve a empezar una y otra vez. No se recomienda hacerlo hasta las cien o doscientas respiraciones seguidas, porque, de esa forma, es muy fácil poner el *piloto automático* (como cuando andamos o fregamos). Contar bloques de uno a diez continuamente exige mucha atención porque es fácil pasarse del diez, y eso demostraría distracción.

Como el diálogo interno es el mayor distractor, uno de los trucos de esta práctica útil para los principiantes es *taparlo*. Por eso, a la hora de contar, repetimos mentalmente (sin pronunciar) el número («uno, uno, uno») o lo alargamos (*«uuuuunnnnnooooo»*) en cada respiración.

Cuando podamos hacer esto durante cinco minutos, pasamos a seis, luego a diez y después a quince. En tres meses notarás cómo se ha calmado la mente y la sensación intensa de bienestar que eso produce.

PRÁCTICA: HAZ SOLO UNA COSA CADA VEZ

Esta es una práctica clave en el desarrollo de la atención, pero resulta extremadamente difícil. Cada vez que realices una actividad, sobre todo las que requieren poca atención (asearse, andar, conducir, fregar), al menos los primeros cinco minutos intenta que la mente esté absolutamente centrada en lo que haces, sin pensar en otra cosa. Puedes conseguirlo poniendo la atención en la respiración (e, incluso, contando respiraciones, como hemos explicado en la práctica anterior) u observando las sensaciones del cuerpo (el movimiento, la sensación táctil, visual o auditiva). De nuevo es muy complejo al principio, pues la mente está entrenada en la dispersión; sin embargo, con los meses será tu forma habitual de funcionar y cada acción te parecerá como si la ejecutases por primera vez.

RECUERDA

► Una de las mayores experiencias de bienestar la produce el silencio de la mente, el silencio interno.

El silencio externo solo es una ayuda para conseguir el interno, que es el más importante.

► Los seres humanos no vivimos la vida, la pensamos.

► La charla que mantenemos continuamente con nosotros mismos, el diálogo interno, tiene como principal función controlar el mundo, que se cumplan nuestras expectativas.

► Existen dos formas de funcionar de la mente: el *modo hacer* y el *modo ser*. El *mindfulness* pretende que vayamos progresivamente estabilizándonos en el *modo ser*.

5
QUERIÉNDONOS A NOSOTROS MISMOS: LA AUTOCOMPASIÓN

La compasión es dos veces bendita:
bendice a quien la da y a quien la recibe.

El mercader de Venecia
William Shakespeare

Uno de los mayores problemas que padecen las sociedades modernas, sobre todo la población más anciana, es el de la soledad. Antes las familias eran extensas, y en ellas convivían varias generaciones —desde abuelos hasta nietos— y, a menudo, distintos núcleos familiares. Así, unos padres podían compartir hogar con sus propios hijos y con los descendientes de estos, y todos los nietos residían juntos. Este modelo era tan común que, en algunos idiomas, como el tibetano, las palabras *hermano* y *primo* son casi indistinguibles, pues uno se criaba con hermanos y primos indistintamente.

En las últimas cinco décadas, la incorporación sistemática de la mujer al trabajo, la urbanización, la mayor movilidad de las personas y el menor tamaño de las casas han producido que ya no vivan juntas las familias extensas, sino solo las nucleares. Por eso, cuando los hijos abandonan el nido y muere uno de los dos cónyuges, el otro suele quedarse solo durante años. A menudo, los hijos en ciudades o incluso en países distintos, solo ven a sus padres en fechas señaladas, como en Nochebuena en España o en el Día de Acción de Gracias en Estados Unidos.

Uno de los síntomas de la soledad de los ancianos se observa cuando ingresan en un hospital y nadie acude a verlos. De ahí que en países anglosajones haya programas de acompañamiento con voluntarios y ONG. En España aún no ocurre de manera sistemática, aunque ya empieza a apreciarse esa tendencia, que se incrementará en el futuro. Pero la pregunta que te haría es: ¿hay algún momento en el que estamos solos? Realmente, no. Siempre estamos con nosotros mismos. Piensa en la voz, en el diálogo interno que hemos descrito en capítulos anteriores. ¿Cuánto tiempo puedes aguantar sin cháchara mental, es decir, sin hablarte a ti mismo? Es probable que ni un minuto. Y ¿qué te dices? Plantéatelo. Verás que te cuentas las cosas que están pasando en cada momento, en el presente. Te las cuentas, por supuesto, interpretándolas. Así, comprobarás cómo te relatas: «Fulanito me ha comentado tal cosa por esta razón», «menganito realizó tal acción por aquella causa». Nunca sabemos por qué otros hacen, dicen o sienten lo que hacen, pero nosotros siempre creemos que sí, siempre intentamos interpretar las causas.

Por supuesto, también nos hablamos del pasado, de lo que hemos hecho y nos han hecho, así como del futuro: de nuestros planes y de los de los demás. Aparte de esto, y como haríamos con un amigo, podemos debatir con nosotros mismos sobre cualquier idea, con puntos de vista a favor y en contra, y tratando de llegar a conclusiones.

¿Cómo nos relacionamos con nosotros mismos?

La pregunta del millón es esta: ¿cómo nos relacionamos con nosotros mismos? ¿Cómo nos tratamos? El tipo de relación es exactamente igual que la que tenemos con un amigo. Puede ser un trato respetuoso, cariñoso, de ayuda mutua y de comprensión. O, por el contrario, puede ser una interacción fría, crítica, exigente e incluso despótica. Lo notarás en las palabras que te dices y, también, en el tono con que lo haces. A continuación, vemos un ejemplo.

Cristina o la autoexigencia continua

Cristina es una buena amiga. Nos conocemos desde la universidad. Está en la cincuentena y tiene una familia encantadora, un marido cariñoso y tres hijos increíbles. Es una profesional exitosa y con buenos amigos. Pero nunca está satisfecha. Sí lo está con el mundo, pero no con ella misma. Piensa que debería cosechar resultados superiores en su trabajo, cuando es una de las empleadas más eficaces, algo ampliamente reconocido por jefes y compañeros. También cree que debería dedicar un mayor esfuerzo a su familia, cuando su marido y sus hijos la consideran la mejor esposa y madre que existe. O entiende que debería preocuparse y cuidar más a sus amigos, cuando todos estamos encantados de tenerla como amiga por su fidelidad y su comprensión.

Si dispone de tiempo libre, le gusta entretenerse con cosas sencillas, como construir Legos, hacer puzles o pintar mandalas. Pero al rato se siente culpable y se dice a sí misma que debería centrarse en algo más productivo.

Cuando la invito a casa y preparo la comida o una copa, necesita estar en la cocina y *ayudar* en lo que sea, aunque nadie se lo pida; si no, se siente mal. Si, entonces, la animo a que descanse en el sofá o se relaje, no puede: siente que tiene que hacer algo para ganarse mi amistad. Nunca es capaz de dejarse cuidar porque se repite a sí misma que debe ayudar a todo el mundo.

A veces, en la intimidad, me ha confesado que no sabe por qué su marido, sus hijos o sus amigos la quieren, pues cree que no es lo suficientemente buena para ello.

Cristina es un ejemplo de alguien que se trata a sí mismo con enorme autoexigencia y perfeccionismo. La consecuencia es que siempre está alerta, pues en todo momento siente que tiene que agradar a alguien y ganarse el afecto de los demás. Cuando está sola, debe luchar duro para obtener el afecto de sí misma, su juez más crítica. Y nunca es suficiente, siempre falta algo. Su vida, plácida a los ojos de cualquier observador externo, se convierte en un estrés constante por su enorme autoexigencia. ¿Te reconoces en Cristina?

Hay dos aspectos que puedes observar para conocer mejor cómo te relacionas contigo mismo: el nombre que te das y qué te dices cuando las cosas van mal, o sea, en los momentos de sufrimiento.

EL NOMBRE CARIÑOSO

Cuando iba al colegio, a principios de los años setenta, los profesores nunca nos llamaban por el nombre, como se hace en la actualidad, sino por el primer apellido. Y, si el apellido era bastante frecuente, como es mi caso (García), empleaban el segundo (Campayo). Durante mi época escolar todo el mundo se refería a mí así. Incluso recientemente, en la celebración de los cuarenta años de mi promoción, muchos de mis compañeros de clase me seguían llamando Campayo, como me conocieron en la infancia.

En mi carné de identidad pone «José Javier», pero nadie me nombraba de esa manera, no me gustaba. Mis padres, familiares y amigos siempre me llamaban Javi, aunque, cuando mis padres se enfadaban conmigo, yo lo sabía porque, con tono grave, gritaban: «¡José Javier!». Incluso a veces empleaban el nombre completo, «José Javier García Campayo», como advertencia antes de regañarme.

Es fácil distinguir cuáles son mis amigos de la infancia y cuáles son posteriores, sobre todo de los cuarenta en adelante. Para los primeros soy Javi, mientras que los segundos me llaman Javier, y afirman que se sentirían raros al decirme solo Javi, pues les parece demasiado informal.

La manera de dirigirnos a una persona lo dice todo sobre la relación que mantenemos con ella. Yo, cuando hablo conmigo, me llamo Javi, igual que las personas que más me quieren. Lo hago incluso en las pocas ocasiones en las que me enfado conmigo mismo: aunque me habría gustado actuar de otro modo, siento que es estéril reñirse y me sigo tratando con afecto y amabilidad. Intento aprender de mi conducta la lección que corresponda y avanzar. La culpa no cambia nada de lo ocurrido, pero añade aún más sufrimiento. ¿Y tú? ¿Cómo te llamas a ti mismo? ¿Lo haces de una forma más distante cuando estás enfadado contigo mismo?

LOS MOMENTOS DE SUFRIMIENTO

Hemos visto en capítulos anteriores que tenemos expectativas sobre todas las cosas de la vida. Si esas expectativas no se cumplen, sufrimos, como cuando discutimos con otra persona, si algo no nos sale bien en el trabajo o al sentir que nos hemos equivocado.

Luego hablaremos de los dos tipos de sufrimiento, pero ahora quiero plantearte una pregunta: ¿cómo reaccionas contigo mismo cuando las cosas no son como te gustaría? Aunque no tendría que ser así, la mayoría nos criticamos en esas ocasiones; nos repetimos que nos hemos equivocado y que es culpa nuestra, que somos torpes o estúpidos, que deberíamos haber actuado de otra forma. Con frecuencia recordamos cosas negativas que nos han dicho otras personas —por ejemplo, nuestros padres— y construimos frases del tipo: «Ya me lo decía mi madre, que soy un desastre». Hay ocasiones en las que incluso nos insultamos. A lo largo de los años, he oído en la consulta una larga lista de increíbles improperios que se dedican las personas a sí mismas cuando sufren. Os incluyo algunos: estúpido, inútil, fracaso, subnormal, tarado. Otros son aún peores y no se pueden ni repetir.

Junto a los contenidos de la crítica que nos realizamos en esos momentos, un elemento asociado es el tono; a veces puede ser de decepción o burla, y, en ocasiones, es incluso sádico. ¿Qué te dices a ti mismo cuando estás enfadado? ¿Y qué tono usas? Vale la pena que dediquemos algunos segundos a contestarnos para poder entender mejor cómo funciona la mente.

¿Somos nuestro mejor amigo o nuestro peor enemigo?

Siempre me ha impresionado hasta dónde podemos llegar en nuestra lucha contra nosotros mismos. Al contarme algunas personas las autocríticas que se hacían, les pregunto:

—¿Alguien le ha insultado alguna vez de esta manera tan terrible?

—No, nunca —suelen responderme—. Si cualquier persona me hubiese dicho eso, habría dejado de tener relación con ella.

—Y ¿por qué no ha dejado de hablar con esa voz que le trata tan mal?

Lógicamente, no espero una respuesta (la gente no es capaz de acallar esa voz sin más), lo que espero es una reflexión.

Lo idóneo sería que nosotros fuésemos nuestro mejor amigo: siempre estamos con nosotros mismos, siempre *nos tenemos*. Vamos a estar juntos siempre.

«¿De dónde surge ese diálogo crítico y destructivo? ¿Cuándo lo oíste por primera vez?». Estas son dos preguntas que formulo con frecuencia a quienes se castigan sin parar con la autocrítica. Muchas personas se quedan asombradas ante esta cuestión, ya que nunca se la habían planteado. Sin embargo, cuando, con curiosidad, se observan a sí mismas para responderse, siempre llegan a la misma conclusión. Pueden, imaginarse de pequeñas, entre los seis y los doce años, y observar la figura de uno de sus progenitores (o de los dos) o de alguno de sus profesores diciéndoles las mismas frases que ellas se repiten incluso con el mismo tono de enfado o decepción. Ese discurso paterno, escuchado cientos de veces en la infancia, ha sido incorporado a nuestro diálogo interno y nos lo reproducimos sistemáticamente de adultos. Pero ya hemos desconectado de la fuente y no recordamos que eran las palabras de nuestros padres o educadores. Es decir, aquel nunca fue nuestro discurso.

Con esta reflexión no buscamos criticar a nuestros padres, quienes, como todos los seres humanos, hicieron lo que pudieron. Es más, luego veremos cuál es la causa de que muchos tendamos a ser tan exigentes con nuestros hijos con la mejor intención. Sobre lo que queremos reflexionar ahora es sobre si ese hábito repetitivo adquirido en la infancia es útil o sufriríamos menos funcionando de otra manera. Vamos a verlo.

LOS DOS TIPOS DE SUFRIMIENTO

Pese a que el gran tema para la humanidad siempre ha sido el sufrimiento, pocas civilizaciones han profundizado en él. Una de las grandes excepciones fue Buda, un extraordinario pensador y místico del siglo v a.C., quien dedicó toda su vida a intentar entenderlo. Como si fuese un médico en el análisis de una dolencia, quiso conocer la causa del dolor, realizar un diagnóstico y proponer un tratamiento, y lo describió en sus famosas cuatro nobles verdades.

Buda distinguió dos tipos de sufrimiento, y esta clasificación, por su precisión y utilidad, ha sido aceptada por la psicología y la ciencia actuales (los describió en su famosa parábola de las dos flechas, que cierra este capítulo). Son los siguientes:

— El sufrimiento primario o el que nos produce la vida: es lo que cualquiera de nosotros llama *sufrimiento*. Incluye toda la gama de pesares que podemos experimentar desde que nacemos. Los más intensos son la muerte propia y la de familiares o situaciones tan excepcionales como las grandes catástrofes naturales y las guerras. En el otro extremo se encuentran los sufrimientos menores —pero casi diarios— que padecemos: discutir con otra persona, sufrir una enfermedad leve o, simplemente, que las cosas no transcurran como deseamos y nos frustremos. Este sufrimiento es inevitable, pues no podemos controlar lo que ocurre en la vida.

— El sufrimiento secundario o el que nos producimos nosotros: se debe a los pensamientos negativos, autocríticos o pesimistas que generamos ante las circunstancias adversas de la vida. También es el que se desencadena cuando odiamos a otra persona por algo que nos ha ocurrido. Algunos ejemplos son los siguientes: «Mi hijo desarrolla una enfermedad y yo me siento culpable», «me rescinden el contrato laboral y considero que soy un mal trabajador», «experimento una ruptura de pareja y creo que soy un fracaso para las relaciones románticas», «me deja mi pareja y la odio a ella». Este sufrimiento (que supone más del 80% del total, es decir, la mayoría del malestar que sentimos) es evitable, no tenemos por qué experimentarlo, ya que siempre podemos ser dueños de lo que pasa en nuestra mente si nos entrenamos para ello.

Ambos van muy ligados: la mayoría de la gente tiene dificultades a la hora de diferenciarlos y piensa que son inevitables, pero no es así. ¿Tú puedes distinguirlos? Párate y recuerda alguna situación en la que estuvieses sufriendo: ¿era sufrimiento primario, secundario o una mezcla de ambos? Como veremos a continuación, Mario tampoco podía identificarlos.

MARIO O CÓMO GENERARSE CONTINUAMENTE SUFRIMIENTO SECUNDARIO

Mario es un conocido de cincuenta y un años que tuvo una educación rígida. Divorciado hace tiempo y padre de un hijo, es una gran persona que, con su diálogo interno, se produce un intenso sufrimiento secundario a sí mismo desde hace mucho. A menudo me cuenta las cosas que le suceden, pero siempre es evidente

---

el toque autocrítico que, sin que él pueda evitarlo, impregna su discurso.

Comenzó una ingeniería superior, pero no consiguió terminar dos asignaturas del último curso, ya que se vio obligado a empezar a trabajar por circunstancias económicas. Aunque posee una sólida formación universitaria y convalidó estudios de ingeniería técnica, siempre se define a sí mismo como «sin estudios universitarios». Después de divorciarse (algo que le ocurre a más de la mitad de la población), estaba seguro de que nunca volvería a encontrar pareja. A veces, al llegar a casa agotado del trabajo, grita a su hijo, como nos pasa a la mayoría, pero está convencido de que es «un mal padre». Cuando su hijo prefirió estudiar un grado de formación profesional en vez de uno universitario, como era el sueño de Mario, sintió que la culpa era suya por no haberlo acompañado lo suficiente en los estudios. Por último, siempre cree que la mayor parte de los que lo conocen piensa que es un fracasado, y eso le produce un enorme sufrimiento.

¿CÓMO NOS CREAMOS EL SUFRIMIENTO?

Soy psiquiatra, y cuando empecé a trabajar, hace casi treinta años, las dos cosas que más me impresionaron fueron la gran cantidad de sufrimiento que hay en el mundo y el hecho de que la mayoría de ese sufrimiento sea secundario, es decir, nos lo produzcamos con nuestros propios pensamientos (de ahí que sea evitable). Aquella experiencia me produjo un gran impacto, y desde entonces intento explorar nuevas formas de disminuir el sufrimiento en mí y en las personas que me rodean.

Existen una serie de patrones mentales repetitivos que son los que desencadenan este tipo de dolor y que han sido bien estudiados por la terapia cognitiva: son las *distorsiones cognitivas*. Se han descrito más de diez, pero las principales, las que, inconscientemente, estructuran la forma de pensar de Mario y de otras muchas personas, son las siguientes:

— Pensamiento de *todo o nada:* consiste en evaluar todo lo que nos ocurre en blanco y negro, de forma extrema, sin tener en cuenta las situaciones intermedias. En el caso de Mario, un ejemplo es considerar que no posee estudios universitarios porque no acabó un grado superior, cuando convalidó uno técnico y casi termina la carrera. La distorsión le hace pensar que, si no tiene una carrera terminada, no tiene nada.

— Adivinar el futuro: se trata de interpretar de forma negativa lo que va a ocurrir en el futuro a partir de una situación adversa actual. Un ejemplo es pensar que no podrás volver a tener pareja después de una ruptura sentimental. La distorsión te lleva a creer que ese pensamiento negativo es la realidad, aunque no haya ninguna evidencia de que eso vaya a ocurrir.

— Generalizar: obtener una conclusión general, casi siempre crítica con uno mismo, a partir de un suceso aislado. Es lo que le pasa a Mario: piensa que es un mal padre porque ocasionalmente chilla a su hijo.

Esta distorsión implica que se olvide del cariño y el cuidado que, en muchas ocasiones y durante tantos años, le ha ofrecido de manera incansable y que solo valore un suceso negativo puntual.

— Personalizar: consiste en atribuirse la causa de los sucesos, generalmente de forma culpabilizadora, aunque no exista evidencia de que es así. Un ejemplo en el caso de Mario es considerar que el hecho de que su hijo elija unos estudios u otros es responsabilidad exclusiva del padre, sin valorar que la voluntad de su hijo y otras circunstancias pueden haber concurrido en su toma de decisiones.

— Leer la mente de otros: supone interpretar lo que piensan los demás. A menudo implica una opinión negativa de otros hacia nosotros. Un ejemplo: creer que te conocen y piensan que eres un fracasado cuando nunca nadie te ha dicho nada al respecto y cuando, de hecho, la mayoría no lo piensa.

Observa estas distorsiones en tu forma de pensar. Son tan frecuentes, nos ocurren tantas veces, que los terapeutas las estudiamos para enseñar a la gente a evitarlas, debido al gran sufrimiento que producen. Toma nota de ellas. La pregunta no es si tu mente funciona así, sino con qué frecuencia te ocurren estos errores del pensamiento y en qué situaciones y cómo puedes impedirlos. En eso consiste el sufrimiento secundario, del que la mayoría no nos damos cuenta porque implica patrones repetitivos, adquiridos en la infancia e inconscientes.

Con este libro intentamos disminuir o eliminar el sufrimiento secundario ligado al diálogo interno, que se reduce con el *mindfulness*. La compasión pretende cambiar el discurso crítico por otro más amable. La aceptación va dirigida a ajustar nuestras expectativas sobre el mundo para que sean más realistas, y la psicología positiva intenta generar pensamientos agradables.

LA COMPASIÓN

La idea que tenemos en el idioma español de la compasión es similar a la de la lástima o la de la pena por alguien que sufre, siempre con una cierta sensación de superioridad. En psicología *compasión* es un concepto muy diferente y que implica dos procesos:

— Darse cuenta del sufrimiento, de cómo se produce, de cómo ocurre: es lo que hemos visto hasta ahora. Consiste en ser consciente de la importancia del diálogo interno, de lo que nos decimos en nuestro sufrimiento.

— Intentar disminuir el sufrimiento en la medida de lo posible: es lo que vamos a ver a partir de ahora. Cómo cambiar la charla interna para que, en lugar de ser tan crítica, resulte más afectuosa.

La compasión puede dirigirse hacia nosotros mismos —que es lo que se llama *autocompasión*— o hacia los demás. Siempre debemos empezar por nosotros mismos. Es importante dejar claro que las personas solo podemos dar lo que tenemos: si tenemos bienestar interno, eso es lo que regalaremos a otras personas; pero, si tenemos malestar, necesariamente repartiremos malestar.

En nuestra cultura es frecuente que intentemos apoyar a otros, aunque no estemos lo suficientemente bien. Por eso un especialista de la ayuda, ya sea médico, enfermero, trabajador social o educador, debe estar bien; de lo contrario, lo más probable es que, con los años, desarrolle el *síndrome del quemado profesional* o el *síndrome del cuidador* (específico de quienes atienden de manera constante a personas enfermas). Ambos trastornos se acompañan de un gran malestar físico y psicológico, así como de incapacidad para realizar su labor.

Siempre digo que es como el dinero en el banco: si lo tengo (en la metáfora equivaldría a estar bien), puedo compartirlo. Pero, si me he arruinado, no tengo dinero que dar, y, aunque se lo pida al banco para prestárselo a alguien, al final habrá bancarrota. Es decir, si estando mal intento cuidar a alguien, necesariamente enfermaré. La autocompasión es el mejor cuidado psicológico que podemos proporcionarnos.

¿Para qué sirve la autocompasión? Es una de las técnicas más utilizadas en este momento en psicología para trabajar con formas de sufrimiento que nos producimos a nosotros mismos, como la culpa, la vergüenza, la autocrítica o el perfeccionismo. Todas estas emociones son inútiles, pero nos causan un gran dolor.

Los beneficios que la ciencia ha demostrado que produce la autocompasión son innumerables, pero te concretaré algunos. Las personas compasivas consigo mismas tienen menos enfermedades mentales, como depresión, ansiedad o estrés. Poseen una mejor salud física porque, al quererse más, se cuidan en todos los sentidos. Pero, sobre todo, son mucho más felices (y consiguen que sus seres queridos también lo sean): están más satisfechos con la vida, se sienten mejor consigo mismos, tienen mayor autoestima, disfrutan con las pequeñas cosas, son capaces de ver la bondad en los demás y son conscientes de ser sus mejores amigos.

EL MIEDO A LA COMPASIÓN

Es posible que esto que describo te suene raro o que incluso te dé miedo. Muchas personas piensan que ser compasivos les perjudica, ya que consideran que nos hace más débiles en un mundo de lobos. Otras pueden creer que cuidar demasiado de uno mismo es una actitud egoísta y que uno debe pensar siempre y solo en los demás. Sin embargo, ya hemos comentado que, si cuidas a los demás y no te preocupas de ti mismo, acabarás agotado emocionalmente, como ocurre con el síndrome del quemado profesional o el del cuidador: solo puedes cuidar a los demás si estás bien. Es como tener dinero en el banco para poder prestarlo.

En mi experiencia, el mayor miedo a ser cariñoso con uno mismo viene de la sensación de que, si no eres muy autoexigente o muy perfeccionista, nunca llegarás a nada en la vida. Esa es la razón por la que muchos padres que tanto quieren a sus hijos (como ocurría en mi caso) les inculcan el perfeccionismo, la autoexigencia y la autocrítica como las claves para alcanzar el éxito. Sin embargo, como hemos visto en el ejemplo de Cristina en este mismo capítulo, las cosas no funcionan así. ¿Por qué?

La gente autoexigente desarrolla, como una de sus principales distorsiones cognitivas, el *pensamiento de todo o nada,* de forma que cualquier cosa que hacen o resulta un éxito total (un nivel de perfección que se alcanza muy pocas veces) o es un fracaso. Imagínate que una persona que está a dieta desde hace tres meses (ha disminuido de peso de manera lenta y progresiva, como debe ser) y otra que ha conseguido no fumar durante el mismo tiempo quedan a cenar con amigos; como es frecuente, en ese contexto tan agradable, la primera se salta la dieta y la segunda fuma algún cigarrillo. Si fuesen autoexigentes, no podrían evitar un razonamiento de *todo o nada* y pensarían: «Me he saltado la dieta/ he roto la abstinencia de tabaco, soy un desastre, una decepción». Les produciría una emoción tan negativa, mezcla de culpa y depresión, que el impulso natural sería romper completamente la dieta y comer mucho y de todo o fumarse un paquete de tabaco entero. Luego vendrían la autocrítica, la vergüenza y la confirmación de que son un fracaso, idea que ya tenían. Tardarían mucho en volver a una nueva dieta o a una abstinencia, o bien nunca las retomarían. Y siempre las acompañaría la baja autoestima.

Por el contrario, las personas compasivas, libres de esta tiranía del todo o nada, pensarían: «Ha estado muy bien, he podido mantener tres meses la dieta/la abstinencia. Es verdad que he recaído, como nos pasa a todos los seres humanos, pero, si he podido estar tanto tiempo así, soy capaz de volver a hacerlo otros tres meses cuando lo decida. Mañana mismo empiezo con ilusión».

Como demuestran los estudios científicos, las personas compasivas no solo son más eficaces en la vida, aunque no lo imaginases, sino que son también mucho más felices que las autocríticas. La razón es que estas últimas solo hacen cosas en lo que son buenas, es decir, muy pocas cosas: todo lo demás lo evitan por miedo a que los demás piensen de ellas que son un fracaso.

Ya he comentado que mi educación fue muy perfeccionista porque mi padre, que me quería mucho, pensaba que esa forma de ser facilitaba el éxito en la vida. Hasta los veinticinco años fue mi estilo mental predominante. Por eso intentaba hacer solo aquello que se me daba muy bien y esquivaba otras actividades en las que era poco hábil. Una de ellas era bailar. Conforme fui trabajando conmigo mismo y modifiqué mis distorsiones, me di cuenta del absurdo. No he mejorado nada mi escasa técnica para el baile, pero ahora disfruto de ello sin preocuparme de lo que puedan pensar los demás y sin exigirme estándares de perfección inalcanzables. Es lo que te invito a probar, una forma de vivir mucho más plena.

ASPECTOS DE LA AUTOCOMPASIÓN

Los tres componentes de la compasión que debemos desarrollar y que tienen que estar incluidos en cualquier práctica son los siguientes:

— Hacerse consciente: aunque parezca increíble, uno de los aspectos más difíciles de poder proporcionarse afecto es darse cuenta de que uno está sufriendo. Las personas que cuidan a los demás —y esto incluye no solo a cuidadores y profesionales sanitarios, sino también a padres o a cualquier familiar— están tan centradas en el otro que no se permiten sentirse mal ni ser conscientes de que están mal.

— Humanidad compartida: cuando las cosas van mal, la tendencia natural es a echarse la culpa, a sentir que somos inadecuados. Cualquier vivencia que tengamos, aunque nos parezca única, la han experimentado millones de personas antes que nosotros, porque, simplemente, somos humanos, y lo que nos ocurre es una experiencia humana.

— Autocompasión como tal: dado que estamos sufriendo, como nos ocurre a todos los seres humanos, lo que tenemos que hacer es proporcionarnos cariño y afecto, que es lo que necesitamos y lo que nos merecemos. Ningún ser vivo se merece sufrir, nosotros tampoco.

EVA O CÓMO VIVIR AUTOCOMPASIVAMENTE EN UN MUNDO HOSTIL

Eva era una amiga que conocí hace años en un grupo de meditación. Su vida no fue fácil, pero siempre la encaró con sabiduría y aceptación, nunca añadió sufrimiento al mucho que ya le había deparado la propia existencia.

Hija única, su madre falleció cuando tenía dos años, apenas la recordaba. Jamás la oí lamentarse por ello.

Por el contrario, siempre enfatizaba el intenso vínculo que generó con su padre y el hecho de que se adoraban mutuamente. El destino le arrebató a su progenitor a los dieciocho años y, entonces, le tocó caminar sola. Agradecía haber tenido una posición económica desahogada, que le permitió estudiar una carrera, y unos tíos y primos que la acogieron como a una más de la familia.

Se hizo médico para ayudar a la gente a aliviar el sufrimiento, y siempre fue muy comprometida con sus pacientes. Se casó con un hombre que la comprendió y la apoyó en todo y que se convirtió en su gran cómplice. Pero no pudieron ser padres —una de sus máximas ilusiones— ni crear la familia que a ella le faltó de pequeña. Hacia los cincuenta años, su marido murió tras una larga enfermedad. Después, Eva se dedicó aún más a la meditación y a los temas sociales. Murió antes de la pandemia por un cáncer de páncreas. Tuve el privilegio de acompañarla en los últimos meses de la dura enfermedad. Nunca la oí decir una palabra más alta que otra, ni una queja, ni una crítica a nadie, ni un reproche. Miró a la vida de cara, y aunque esta la golpeó con dureza, nunca la derribó. Para mí es un ejemplo de la grandeza y la dignidad del ser humano, de los héroes anónimos que existen y que hacen que el mundo funcione y de la importancia clave de la autocompasión.

Sus amigos pudimos decir de ella lo mismo que

cantaba el gran poeta medieval español Jorge Manrique al final de las *Coplas a la muerte de su padre:*

[...] que aunque la vida perdió,
dejonos harto consuelo su memoria.

Cómo desarrollar la compasión

La compasión es una emoción liberadora que, como todas las emociones, puede desarrollarse y entrenarse. La forma es utilizar gestos que la desencadenen (lo que llamamos *posturas compasivas*) y frases y visualizaciones que la generen *(frases e imágenes compasivas).*

Posturas compasivas

Son gestos que desarrollan la compasión y nos hacen conectar con ella. La base biológica de esta emoción es la hormona oxitocina, que se libera en la mujer en altas cantidades antes de dar a luz. Su función es generar afecto hacia la criatura que va a nacer. En mucha menor intensidad, la oxitocina se produce cuando entramos en contacto físico afectuoso con otra persona o con nosotros mismos.

Por eso es tan importante, como demuestran estudios en humanos y en monos, que el afecto se demuestre con contacto físico. Hay familias y culturas en las que padres e hijos apenas se tocan, besan o abrazan. Aunque, teóricamente, se quieren mucho, en la práctica ese amor es incompleto, y los individuos no se sienten suficientemente amados. Lo mismo pasa cuando expresamos afecto hacia nosotros mismos: pese a que no estamos acostumbrados, es muy importante que nos mostremos cariño también mediante el autocontacto físico.

Los gestos más habituales son tres: poner las palmas de las manos en la zona del pecho, abrazarnos a nosotros mismos y tocarnos la cara. En todos los casos es necesario acariciarse de forma suave y continuada durante algunos segundos. Ese proceso es el que genera la oxitocina, y notaremos una mezcla de calor, paz y bienestar. Ahora te invito a probar los gestos y a descubrir cuál es el que más te tranquiliza o agrada, será el que utilices de manera habitual.

FRASES E IMÁGENES COMPASIVAS

La pregunta a la que responde la compasión es: «¿Qué necesito para sufrir menos o para ser más feliz?». Y eso que necesitamos es a lo que debemos aspirar. Te recomiendo que siempre te plantees esta pregunta cuando sufras, en vez de criticarte o insultarte, que es lo habitual.

Las frases compasivas, que son las que tienen que sustituir el discurso crítico, responden a la pregunta con la que arranca este epígrafe. Suelen hacerlo como una aspiración o deseo de cara al futuro. Por ejemplo: «Que pueda ser feliz». Necesitamos desarrollarlas de manera individual porque deben ser creíbles para nosotros y tienen que ser coherentes con la emoción negativa que experimentamos. Incluimos algunos ejemplos:

— Ante una ruptura de una relación afectiva: «Que pueda sentirme querido».
— Ante una situación laboral o económica adversa: «Que pueda sentirme seguro».
— En situaciones de preocupación por la razón que sea: «Que pueda estar en paz».
— En ocasiones en las que me siento culpable o inadecuado: «Que pueda perdonarme» o «que pueda perdonar a otros».
— En cualquier circunstancia: «Que pueda ser feliz», «que pueda estar libre de sufrimiento» o «que pueda tener fortaleza/sabiduría/ánimo para sobrellevar esta situación».

También es beneficioso generar imágenes cariñosas, afectivas. Podemos imaginarnos siendo abrazados, protegidos o consolados por una persona real (en este caso, es mejor que ya haya fallecido) o imaginaria. Ejemplos serían un padre o un abuelo con quien tuviésemos una especial conexión y figuras de nuestras creencias religiosas (la Virgen, Dios, Buda, un maestro, un santo...). Estas imágenes se llaman en psicología *figuras de apego*, y sirven para generarnos sensación de cariño, protección y apoyo cuando nos encontramos mal. ¿Tienes alguna a la que recurrir en situaciones adversas? Si no es así, ¿podrías desarrollarla? Vale la pena.

Con los elementos que hemos ido comentando en el capítulo, haremos la práctica autocompasiva más potente, el afrontamiento compasivo, que describiremos a continuación. Es una práctica corta, de entre cinco y diez minutos de duración, pero muy intensa a la hora de cambiar la relación que mantenemos con nosotros mismos. La recomendación es realizarla casi todos los días con la situación más adversa que hayamos sufrido, de forma que solo exista el sufrimiento primario, el que nos ha producido la vida, pero sin que nos generemos sufrimiento secundario con pensamientos y emociones.

PARÁBOLA: 'LAS DOS FLECHAS'

Buda describe esta parábola en el Sallatha Sutra (Samyutta Nikaya 36, 6). Las enseñanzas budistas se transmitieron de forma oral, por eso sus textos son muy repetitivos, pues facilitan la memorización. Lo que plasmo a continuación es una versión simplificada de este *Sutra:*

«Monjes, una persona no instruida experimenta sensaciones agradables, desagradables y neutras; y también le ocurre lo mismo a un discípulo bien instruido. ¿Qué los distingue a ambos?

La persona no instruida, cuando experimenta una sensación desagradable, siente tristeza, se aflige y se lamenta golpeándose el pecho hasta enloquecer. De esta forma experimenta dos sufrimientos: el físico y el mental. Como si un hombre le disparase una flecha y, poco después, le disparase una segunda flecha,

---

por lo que experimenta el sufrimiento de dos flechas, la del sufrimiento físico y la del sufrimiento mental [...].

Por el contrario, la persona instruida (que practica la meditación), cuando experimenta una sensación desagradable, no siente tristeza, no se aflige ni se lamenta golpeándose el pecho hasta enloquecer. De esta forma solo experimenta un único sufrimiento, el físico. Como si un hombre le disparase una flecha y, después, no le disparase una segunda flecha, experimenta solamente el sufrimiento de una única flecha, la del sufrimiento físico [...]».

Práctica: Afrontamiento compasivo

Selecciona alguna situación de malestar que hayas experimentado recientemente. Revive la emoción negativa que te generó y recuerda lo que te dijiste (seguramente, palabras negativas en tono crítico). Ahora vamos a sustituir ese discurso habitual por otro compasivo. Lo hacemos en cuatro fases, basadas en los tres aspectos de la compasión que hemos descrito anteriormente:

— Fase 1. Hacerse consciente: nos damos cuenta de que la situación que estamos viviendo nos produce sufrimiento. Podemos usar una frase del tipo: «Esto me hace sufrir».

— Fase 2. Humanidad compartida: no hace falta que nos sintamos inadecuados o culpables por lo que ha ocurrido. Somos seres humanos, y lo que estamos experimentando es lo mismo que les ocurre a muchos seres humanos. Podemos decirnos una frase del tipo: «Lo que me ha sucedido les ha pasado a millones de seres humanos anteriormente. A mí me ocurre porque también soy un ser humano».

— Fase 3. *Impermanencia:* ahora nos encontramos mal, pero sabemos que esto pasará dentro de días, semanas o meses. Otras veces nos hemos sentido mal y nos hemos recuperado. La frase que podemos decirnos es: «Esto también pasará».

— Fase 4. Darnos afecto: conforme nos vamos encontrando mejor, lo que tenemos que hacer es cuidarnos, darnos afecto. Porque es lo saludable y porque nos merecemos, como todos los seres humanos, ser felices y no sufrir. Empleamos nuestro nombre cariñoso (por ejemplo, Javi en mi caso), usamos el gesto afectuoso que deseemos (abrazarnos o acariciarnos la cara) y nos decimos frases compasivas con las que nos identifiquemos y adecuadas a la situación («que pueda sentirme bien», «que pueda tener fuerza/confianza/sabiduría para afrontar esta situación»). Podemos también, si queremos, visualizar la imagen de una figura de apego que nos abrace y dé afecto. Dejamos que todo esto nos genere una sensación de paz y bienestar que contrarreste la emoción negativa que experimentábamos inicialmente.

Podemos quedarnos en esta situación tan agradable el tiempo que deseemos. La práctica repetida cambiará nuestro patrón mental, y, en vez de machacarnos cuando las cosas salgan mal, haremos lo que con un niño, un amigo o una mascota que estuviese sufriendo: consolarlo y cuidarlo, desearle el bien y que se recupere cuanto antes.

RECUERDA

▶ Siempre estamos acompañados de nosotros mismos y hablándonos mediante el diálogo interno.

▶ Cuando las cosas no salen como queremos, solemos decirnos cosas negativas e incluso insultarnos. Podemos llegar a convertirnos en nuestros peores enemigos.

▶ Existen dos tipos de sufrimiento: el primario, que es el que nos produce la vida, y el secundario, que es el que nos generamos a nosotros mismos con los pensamientos y las emociones negativos.

▶ La autocompasión nos enseña a sustituir el pensamiento autocrítico y culpabilizador por uno afectuoso hacia nosotros mismos, con lo que se evita el sufrimiento secundario.

▶ El afrontamiento compasivo es una práctica que podemos hacer casi a diario y que cambia radicalmente la forma de relacionarnos con nosotros mismos.

6
PROBLEMAS: ¿CÓMO RESOLVERLOS?

Si un problema tiene solución,
¿por qué preocuparse?
Y, si no tiene solución,
¿por qué preocuparse?
Proverbio chino

E l antiguo proverbio chino del arranque resume la máxima lección de sabiduría que podemos ver en la vida. Nos dice qué debemos hacer con los problemas que encontramos en el día a día y nos recomienda dos opciones: si los problemas tienen solución, resolverlos, y, si no la tienen, aceptarlos. Pero nunca propone preocuparse o darles vueltas a las cosas, porque es inútil. De eso tratan este capítulo y el próximo.

QUÉ ES UN PROBLEMA Y QUÉ RELACIÓN TIENE CON EL ESTRÉS

Un problema es cualquier situación de la vida ante la que sentimos que no tenemos ninguna respuesta adecuada. Es decir, existe una discrepancia entre lo que quiero que sea y lo que es en realidad. Las causas de la existencia de esta discrepancia son múltiples: la falta de recursos personales para conseguir el cambio, la oposición por parte de otros... o el simple funcionamiento del mundo, que impide que las cosas sean como deseamos.

Un problema es siempre una percepción del sujeto, una interpretación. La vida simplemente ocurre, y nosotros etiquetamos algunas situaciones como un problema. Un animal nunca lo haría: para él, el mundo funciona como funciona, así que intenta obtener el máximo beneficio del momento.

Un ejemplo es la insatisfacción con las circunstancias laborales. En el mismo oficio hay quienes sienten que algo es un problema, mientras que otros no lo perciben igual. Incluso la misma persona es capaz de cambiar la percepción a lo largo del tiempo: al principio, tal vez el malestar sea tan intenso como para plantearse dejar el trabajo, pero, con el tiempo, puede acostumbrarse a la situación y encontrarle aspectos positivos.

El malestar surge como consecuencia de los problemas porque se asocian a la incertidumbre con respecto al futuro. Por otra parte, hay que tener en cuenta que la resolución de conflictos tiende a realizarse en situaciones de estrés, y, en general, el estrés disminuye el rendimiento de las funciones cognitivas. Por ello, a la hora de resolver un problema es interesante desarrollar antes prácticas como el *mindfulness*, que ayuda a disminuir la ansiedad y a ser más efectivos.

En salud mental se considera muy importante tener la capacidad de identificar los problemas y resolverlos, pues una gran parte del estrés de la gente está asociado a ellos. Si uno sabe resolver con facilidad los problemas y aceptar su solución, experimentará menor tensión que otras personas y su bienestar psicológico será mayor. De ahí que sea tan importante aprender algunos factores de la resolución de problemas.

EL MITO DE NO TENER PROBLEMAS

Hemos analizado algunos grandes mitos de la salud mental. Por ejemplo, el de la mente en blanco, la idea de que es posible estar sin pensamientos. O el de que la mente funciona igual que el mundo externo, cuando ya hemos visto que es justo a la inversa.

Pues bien, otro de los grandes mitos consiste en creer que el ser humano puede estar en algún momento de su vida sin problemas. He conocido a muchas personas que sufren cuando tienen problemas y que siempre están esperando a que estos desaparezcan para que también acabe el dolor. Saben que eso nunca ocurrirá, que tras un problema surgirán otro y otro, como en un ciclo sin fin, pero no pierden la esperanza de que llegue un día en el que vivir sin problemas.

Lo que dicen los estudios es que un ser humano normal, sin ninguna enfermedad física o mental y que se encuentra en un momento satisfactorio, experimenta tres o cuatro problemas en cualquier momento de su existencia. Los problemas en sí mismos cambian, pero ese número se mantiene estable incluso en las mejores circunstancias. Es decir, debemos perder la esperanza de que algún día podremos vivir sin problemas, de que lo tendremos todo controlado y de que será entonces cuando seamos felices. Eso no ocurrirá nunca, no es lógico esperarlo. Siempre digo que la clave de la felicidad no consiste en la ausencia de problemas, sino en poseer la capacidad de resolverlos.

Tipos de respuesta ante el sufrimiento

Ante los problemas que tenemos continuamente en la vida y que nos producen estrés, en psicología consideramos que existen solo cuatro formas diferentes de responder, de reaccionar ante ellos. Vamos a analizarlas.

El aspecto clave ante un problema es el eje vertical, es decir, la pregunta sobre si podemos cambiar, influir, modificar lo que está ocurriendo. Ante esto existen dos respuestas: «Sí podemos» y «no podemos». Hay una tercera opción, y es «no lo sabemos». Por ejemplo, me gustaría trabajar de funcionario, para lo cual tengo que aprobar una oposición, y no sé si seré capaz de hacerlo. En los casos de duda, se recomienda emplear lo que en psicología llamamos *ensayo y error:* es decir, intentarlo (y eso nos confirmará si podemos conseguirlo).

Sobre la premisa de si podemos cambiar nuestro entorno, surge la decisión que representamos con la flecha horizontal, es decir, actuar o no actuar. La recomendación de la psicología y del sentido común es que, si creemos que podemos cambiar nuestro entorno, actuemos. No hacerlo es resignarse, y eso no suele ser útil. Por el contrario, si no podemos modificar lo que ocurre a nuestro alrededor, lo ideal es aceptarlo y seguir con la vida, tratando de evitar una reacción muy frecuente en la actualidad a la que llamamos *sobreactuar.* Por lo tanto, las dos formas adaptativas y adecuadas de responder son la actuación y la aceptación, y, aunque parezca increíble, ambas deben ir juntas. En el otro extremo se encuentran la resignación y la sobreactuación, que resultan inadecuadas. Vamos a profundizar en cada una de ellas.

Las formas adecuadas de reaccionar ante el sufrimiento

Ya hemos dicho que existen dos:

— La actuación: si creemos que podemos influir en el entorno, la recomendación es actuar. Y, ante la duda, se aconseja la técnica de *ensayo y error:* intentarlo, ver lo que ocurre y, sobre esa base, decidir. Esta es una respuesta activa y efectiva. El mayor problema cuando actuamos es que solemos hacerlo de manera impulsiva, sin planificarlo y sin analizar antes las opciones ni las posibles consecuencias. Existe una técnica llamada *resolución de problemas,* a la que siempre debemos recurrir y cuyos fundamentos explicamos en este capítulo.

— La aceptación de la realidad: consiste en admitir que el sufrimiento forma parte de nuestra vida, dejar de resistirse y de luchar contra la realidad y actuar solo cuando es útil. Ni se sobreactúa ni nos resignamos. Es una actitud activa, aunque parezca pasiva, porque, ya que el mundo no va a cambiar, tenemos que modificar nuestra mente para que se alinee con él. Y es muy efectiva porque nos permite ser mucho más felices que si nos enganchamos en la estéril tarea de intentar transformar lo imposible. Esta forma de funcionar se representa con frases como: «Ya he hecho lo que podía. Así es el mundo…, y así está bien». La aceptación es una cualidad, una emoción y una virtud sublime, cuyo desarrollo describiremos en el siguiente capítulo.

La resolución y la aceptación siempre van unidas, aunque no lo parezca. Tenemos que deslizarnos de manera flexible entre ellas en función de las circunstancias. Cuando somos capaces de modificar el entorno, hay que actuar hasta comprobar que ya no es posible cambiar nada más, y, entonces, debemos aceptarlo. Y, si las circunstancias evolucionan y volvemos a tener algo de control sobre lo que nos rodea, retomaremos la iniciativa. Así, adaptándonos al contexto, oscilaremos entre la acción y la aceptación de forma continua.

Las formas no adaptativas de reaccionar ante el sufrimiento

También existen dos:

— La resignación: consiste en no hacer nada ante el problema. Es una actitud pasiva y no efectiva. El individuo piensa que tiene menos control del que realmente posee y se abandona a la suerte. Se expresa con frases como: «Qué le vamos a hacer», «me ha tocado a mí», «no hay nada que hacer», «yo soy así».

— La sobreactuación: es una actitud de negación del problema en un intento desesperado de solución, sin tener en cuenta la eficacia real de nuestras acciones y nuestras posibilidades reales de influir en las circunstancias. Es un comportamiento muy activo, pero no resulta efectivo, pues el individuo piensa que tiene un control mayor del que realmente posee. Se caracteriza por frases como: «Esto no puede ser así», «esto no me puede pasar a mí», «no me lo creo», «lo voy a solucionar sea como sea», «si uno quiere, puede conseguirlo todo».

La resignación no es demasiado frecuente; ocurre, sobre todo, en personas con escasa autoconfianza y una gran inseguridad: en general, prefieren no actuar por miedo a las consecuencias. Aunque su situación no sea satisfactoria, optan por mantenerse en lugar de enfrentarse a la incertidumbre de cualquier cambio. Por el contrario, la sobreactuación es muy frecuente. De hecho, es típica de la sociedad actual, en la que el enorme desarrollo tecnológico nos ha generado la idea de que el ser humano puede controlarlo todo. Veamos un ejemplo.

Pedro o la sobreactuación continua

Pedro era un joven de veinticinco años, hijo único en una familia rica de padres ausentes (se encontraban continuamente trabajando). Fue educado en parte por su abuela materna, añosa, incapaz de soportar tanta carga a su edad, y, en parte, por una nana latinoamericana, que tuvo que hacer con él las funciones de madre mientras sus propios hijos permanecían en su país a cargo de su hermana.

La falta de modelos y de función paterna produjo dificultades para establecer límites, por lo que el niño conseguía todo lo que quería en cuanto empezaba a protestar. Su tolerancia a la frustración era mínima, y, como siempre le habían dado todo inmediatamente, creía que conseguiría cualquier cosa. Si no era así, sentía que la culpa era de sus padres o de cualquier otro, y se tornaba violento. Era un individuo autocentrado, preocupado solo por lo que él quería y con nula empatía hacia los demás. Tenía grandes dificultades tanto en las relaciones interpersonales como en el ámbito laboral, porque sus peticiones y sus expectativas hacia la gente eran imposibles de satisfacer y nunca aceptaba un no por respuesta.

Lo conocí en la consulta cuando fue remitido por

su inadaptación en ambos ámbitos, lo que le había generado problemas que rayaban en lo ilegal y con un intenso sufrimiento y sensación de incomprensión.

Pedro es un ejemplo de incapacidad para la aceptación y de una resolución de problemas muy inadecuada. Tampoco reacciona con resignación, sino con sobreactuación continua, llevada a límites intolerables para el entorno. Este es un fenómeno muy frecuente en la sociedad actual.

Ya hemos comentado que las respuestas adecuadas, resolución y aceptación, son flexibles y que debemos pasar de una a otra según las circunstancias. Pero, cuando se reacciona con conductas no adaptativas, la respuesta suele ser la misma: las personas tienden a resignarse siempre o a sobreactuar siempre. En psicoterapia se dice que las conductas patológicas son rígidas, mientras que las conductas saludables son flexibles.

¿Qué respuesta predomina en ti?

Los seres humanos funcionamos con patrones repetitivos de pensamientos, emociones y conductas; por eso, nuestro comportamiento suele ser predecible. Muchas veces, estos patrones son inconscientes: surgieron en los primeros años de nuestra vida y, por tanto, son difíciles de reconocer. En relación a cómo afrontamos los problemas, es decir, el sufrimiento, también solemos mostrar un patrón repetitivo.

Recuerda algunas de las situaciones importantes de tu vida, en las que mayores dificultades hayas experimentado, en las que hayas tenido que afrontar problemas graves. ¿Cómo actuaste? ¿Cuál de las respuestas ante el sufrimiento usas habitualmente? ¿Tiendes a la resignación, sobreactúas y te peleas con el mundo o te deslizas de forma flexible entre la aceptación y la acción según las necesidades y las circunstancias del entorno?

Con frecuencia, la dificultad reside en decidir qué se puede cambiar y qué no y actuar en consecuencia. Se requiere cierto nivel de sabiduría para ello. Existe una oración llamada Oración de la Serenidad, que surgió de forma anónima a mediados del siglo XX, en el ámbito de la asociación americana de Alcohólicos Anónimos, y que dice:

Que Dios me conceda la serenidad para aceptar las cosas que no puedo cambiar,
el valor para cambiar las cosas que puedo
y la sabiduría para reconocer la diferencia.

¿QUÉ ES LA TÉCNICA DE RESOLUCIÓN DE PROBLEMAS?

Es una técnica del grupo de las terapias cognitivo-conductuales diseñada para la resolución de situaciones de estrés en la vida diaria. Se caracteriza por su brevedad, facilidad de aplicación, sencillez de aprendizaje y efectividad. Se considera el método más eficaz y se ha empleado para solventar cualquier tipo de problema o conflicto. Además, ha demostrado una gran eficacia en múltiples entornos y contextos. La idea es ejercitar el sentido común, pero a partir del método científico.

Esta técnica es la fórmula más eficaz para resolver un problema, pero eso no asegura que vayamos a resolverlo. Por eso, la acción siempre debe ir asociada a la aceptación; de lo contrario, se corre el riesgo de que la resolución de problemas sea utilizada como excusa para la sobreactuación.

La resolución de problemas consta de las siguientes fases: definir el problema, buscar soluciones, seleccionar la mejor solución, poner esta en práctica y evaluar el resultado.

1. Definir el problema

Un problema que pueda resolverse tiene que ser concreto, en el área de las relaciones interpersonales (dificultades de entendimiento con una pareja o un familiar, por ejemplo), laborales (como choques con un jefe o un compañero) o de cualquier otro tipo. Además, debe producir malestar psicológico, como estrés. Si no es así, si la situación no genera malestar, no estaremos lo suficientemente motivados para intentar resolverla, pues, en esos casos, uno ya la ha aceptado. Por otra parte, cualquier solución supondrá un coste en esfuerzo, también emocional (en general, y aunque la decisión depende de cada persona, no suele valer la pena pagar un coste por algo que uno ya ha aceptado).

En este punto, lo más difícil es decidir cuándo un problema es candidato para una resolución. A veces, las personas están angustiadas por cuestiones existenciales, por aspectos relacionados con el sentido de la vida. Son circunstancias abstractas, difíciles de definir con precisión, y no son adecuadas para esta técnica porque no es posible solucionarlas. Tienen más que ver con reconectar con el sentido de nuestras vidas, algo que hemos afrontado en el capítulo 4. Fijémonos en el ejemplo de Rodolfo.

RODOLFO O LA IMPOSIBILIDAD DE DEFINIR UN PROBLEMA

Rodolfo era un joven de veintiún años que estudiaba Filosofía. Pertenecía a una familia de clase media-alta, bien estructurada, era muy educado y sensible. No seguía unas creencias religiosas concretas, pero era muy espiritual. Ideológicamente, se consideraba progresista y con una gran conciencia social y ecológica. Había tenido algunas parejas, pero no le habían durado mucho: pese a que el muchacho era muy agradable, su visión del mundo y sus preocupaciones eran tan transpersonales, tan colectivas, que en el proceso sacrificaba los aspectos personales, y eso ahuyentaba a quienes salían con él.

Sus padres, amigos míos de la profesión, me lo habían remitido porque Rodolfo sufría mucho, y, como es esperable, ellos sufrían también por él. Pensaban que debía de haber algún problema que justificase el malestar, y esperaban que le ayudase a resolverlo. Sin embargo, ese sufrimiento no podía ser achacado a un problema concreto interpersonal, laboral o de ningún otro tipo.

Era una especie de crisis vital, de insatisfacción global, de falta de adaptación a un mundo imperfecto por definición. Rodolfo era una gran persona, idealista y comprometida, que sufría no por un asunto en concreto, sino por todos los problemas del planeta, los cuales ni él ni nadie eran capaces de solucionar. No se podía aplicar con él una resolución de problemas, ya que su situación era mucho más compleja e indefinible, pues abarcaba toda su personalidad y su forma de ver la vida.

El problema de Rodolfo era existencial, y enlazaba con lo que describiremos en el capítulo en el que hablamos del sentido de la vida como *proyectos de carencia,* objetivos tan grandes que desestructuran la propia vida. Obviamente, requería un tipo de terapia más global.

Volviendo a la técnica de resolución de problemas, si existen varios conflictos —y ya hemos descrito que lo habitual es sufrir tres o cuatro en cualquier momento—, hay que seleccionar por cuál de ellos vamos a empezar. En psicología, como norma general, nunca se comienza por el problema más difícil, sino por el más fácil. La razón es que el éxito en el primer problema que se aborda nos dará confianza y nos permitirá avanzar hacia el segundo, que se intentará que sea el más fácil de los que queden. El tratamiento de las fobias es un ejemplo de este proceso: las personas con agorafobia muestran dificultades para realizar diferentes actividades, como subir al ascensor, ir al cine o viajar en autobús.

Siempre se empieza desafiando la conducta que les produce menos malestar, y, poco a poco, se va subiendo la dificultad.

2. Pensar en diferentes soluciones posibles

Una vez que hemos elegido un problema específico para trabajar sobre él, tenemos que plantear soluciones diferentes para seleccionar posteriormente la que consideramos mejor.

Un primer aspecto del que siempre nos olvidamos es que debemos aplicar el *mindfulness* a la resolución de problemas. Esto quiere decir que, en contra de lo que la mayoría cree, no podemos generar soluciones mientras nos duchamos, paseamos por el parque o conducimos. La resolución de problemas *exige* dedicación absoluta, sin ninguna otra tarea de por medio: hay que sentarse a una mesa con papel y boli y apuntar todas las opciones. La idea es obtener una lista de soluciones.

También es clave dejar un espacio de tiempo de al menos veinticuatro horas entre que anotamos las opciones y decidimos cuál es la mejor. Es el llamado *principio de dilación del juicio*. ¿Por qué hay que hacerlo así? Porque la generación de posibles soluciones es una función de la imaginación, mientras que la elección de la mejor de ellas es una función del juicio. Ambos mecanismos mentales, imaginación y juicio, se inhiben recíprocamente, por eso hay que dejar ese período de veinticuatro horas.

Sin embargo, lo que hemos visto en el párrafo anterior no es lo habitual: mientras andamos por la calle, fregamos platos o nos duchamos, pensamos en un problema («tengo un conflicto con mi jefe»), generamos una salida («hablaré con él») y analizamos al instante su viabilidad («no vale la pena porque no me hará caso»). Eso es justo lo que debe evitarse. Lo recomendable es lo siguiente: primero, siéntate y escribe en un papel las posibles opciones, por absurdas que parezcan, hasta que ya no se te ocurran más. Al día siguiente, lee tu listado de soluciones, evalúa los pros y contras de cada una y puntúalas de cero a diez dependiendo de lo satisfactorias que te parezcan.

Cuando hacemos listas de soluciones, tenemos que anotar cinco o seis como mínimo, para que existan opciones entre las que elegir. Y es importante incluir dos extremos: uno es el de la inmovilidad, o sea, seguir haciendo lo que ya hacíamos, quedarnos donde estamos. Esta posibilidad siempre está ahí, y muchas personas la seleccionan. Por ejemplo, un matrimonio va mal, pero los miembros de la pareja no se quieren separar por miedo a lo desconocido, prefieren mantenerse juntos. El otro extremo es el de ruptura, es decir, la decisión más radical que puede tomarse en la situación concreta. Casi siempre, lo más extremo para los seres humanos ante un problema es acabar con su vida o con la de otro. Aunque parezca increíble, esa opción debe incluirse: nunca para elegirla, sino para contextualizar. La mente no elige los extremos, de ahí que estos deban quedar bien claros. Te pongo varios ejemplos:

— En el caso de un problema laboral por el que estoy descontento en la oficina. Para mucha gente, la solución extrema aquí es dejar el trabajo, y por eso no se lo plantean. Pero eso no es un extremo, es una opción más. El extremo es acabar con nuestra vida o con la del jefe.
— En una relación de pareja que no funciona, muchas personas consideran que el extremo es divorciarse, y por eso

nunca lo hacen. Pero esa es solo una opción más, y muy viable. El extremo, de nuevo —y nunca hay que elegirlo—, es acabar con nuestra vida o con la del otro cónyuge.

— Mi padre está muy anciano y enfermo, y para mucha gente el extremo es llevarlo a una residencia, por eso ni contemplan la opción. Pero no es así, el extremo es dejar morir o abandonar al padre o suicidarse uno. Llevarlo a una residencia es una opción muy razonable que el sujeto tiene que valorar con todas las demás.

Tener claro el extremo que nunca vas a elegir resulta clave, pues te permite entender que algunas opciones que pueden parecer duras —como las que hemos comentado: divorciarse, dejar el trabajo o enviar a tu padre a una residencia— no son extremas, sino realistas y factibles.

ESTER O EL PROBLEMA DE NO EVALUAR ADECUADAMENTE EL EXTREMO DE RUPTURA

Ester era una mujer de cuarenta y ocho años, soltera, emprendedora de cierto éxito en el área de las ONG. Llevaba una vida satisfactoria, con una buena red social y un trabajo que le fascinaba. Sin embargo, su mundo dio un vuelco cuando su madre, de ochenta y cuatro, empezó a mostrar síntomas de demencia. Ester era hija única, y tenía que llevar el peso de la atención de su madre. Inicialmente le puso una cuidadora

---

e iba a verla casi todos los días. Posteriormente, se la trajo a vivir a su casa, también con la misma cuidadora. Pero, en los últimos meses, el deterioro era ya inasumible. Su madre chillaba por las noches, pese al tratamiento farmacológico. Aunque no era una molestia para los vecinos, ya que residían en una vivienda unifamiliar, Ester llevaba tiempo sin poder dormir por los lamentos que oía, con un intenso sufrimiento al ver la situación de su ser querido. La ansiedad comenzó a virar a depresión y su rendimiento laboral, así como sus relaciones interpersonales, se resintieron.

Le propuse que pensase en posibles soluciones al problema. La opción de llevarla a una residencia la barajó, pero la consideraba la solución extrema, lo último que sería capaz de hacer, y no se permitía siquiera pensar en ello. En ese momento, estaba tan bloqueada que vino absolutamente desesperada.

Trabajamos inicialmente con el *mindfulness* para manejar la ansiedad y con la autocompasión para que no se exigiese tanto a sí misma en relación con el cuidado de su madre, que se hiciese consciente no solo del sufrimiento de su madre, sino también del suyo propio como cuidadora, y que se felicitase por los años que llevaba atendiéndola tan bien, con un tremendo coste personal.

Afrontamos juntos la resolución de problemas, porque ella no había contemplado el extremo de ruptura: como le pasa a mucha gente, Ester consideraba que soluciones normales como llevar a su madre a una residencia era una solución extrema. Se hizo consciente de que abandonar a su madre o suicidarse ella misma (algo que ya se le había pasado por la cabeza) era el extremo. Se dio cuenta de que llevarla a una residencia era una opción más y que, en ese momento, era la más adecuada. Esta decisión le ayudó a mejorar en poco tiempo, a la vez que su madre estaba muy bien cuidada. Al final de la terapia me reconoció que, cuando le hablé de los extremos de ruptura, le pareció tan terrible que estuvo a punto de dejar la terapia, pero ahora se daba cuenta de que era justo eso lo que necesitaba entender.

3. Seleccionar la mejor solución

Al menos un día después de haber generado las opciones, y con ellas escritas en papel delante de nosotros, es cuando decidimos sobre ellas. Esto es muy clarificador. Como solemos resolver los temas mientras desarrollamos otra actividad (andar, ducharnos, comer) y sin una lista, creemos que deben de existir más soluciones y que la cuestión es seguir pensando (en realidad, en esas circunstancias no pensamos de manera productiva, sino que rumiamos inútilmente).

Tener delante de nosotros todas las opciones escritas en un papel nos confronta con el hecho de que esas son todas las soluciones posibles y que no hay más, por mucho que continuemos pensando. Con frecuencia, la gente no toma determinaciones y pospone cualquier remedio porque imagina, de forma absurda, que debe de haber alguna otra solución muy satisfactoria que aún no ha encontrado y que, si sigue pensando, aparecerá. Esto es una falacia, un autoengaño. Las personas que atrasan indefinidamente la toma de decisiones en realidad ya han decidido: han elegido el extremo de inmovilidad. Por eso es tan importante tener todas las posibles soluciones escritas ante nosotros, saber que esto es lo que hay y que, hagamos lo que hagamos, nos hemos decantado por una de ellas.

Otro aspecto fundamental son los efectos adversos e inesperados de nuestra decisión. Es importante plantearse: «¿Qué es lo peor que pasaría si elijo esta solución?». Por ejemplo, si hablo con mi jefe para que conozca mi desagrado con mi puesto de trabajo, he de ser consciente de que podría despedirme. Si le insisto a mi pareja que debe cambiar ciertas conductas conmigo, podría romper la relación. Si decido llevar a mi madre a la residencia, es posible que ella o mis hermanos dejen de hablarme. ¿Cómo me sentiría con eso? ¿Sería capaz de soportarlo? A esta técnica se la denomina *inoculación de estrés,* y consiste en imaginarse la peor consecuencia posible y decidir si estamos preparados para asumirla (entonces podemos tomar esa decisión) o si no la aguantaríamos (entonces hay que renunciar a esa idea).

A partir de aquí, puntuamos de cero (nula satisfacción) a diez (máxima satisfacción respecto a la resolución del problema) los pros y contras de cada una de las opciones. De esta forma, haremos la selección de la mejor solución con un método contrastado y de base científica.

4. Poner a prueba la solución y evaluarla

Este es el último paso: poner en marcha la solución elegida. Aunque lo hayamos intentado anteriormente, vale la pena volver a hacerlo, pues la ventaja de esta técnica es que uno es consciente de que las opciones son las que son, no hay más. Antes de empezar, se recomienda ensayar. Por ejemplo, si voy a hablar con un familiar para tratar de que modifique un comportamiento, conviene plantear un *role playing* en el que entrene lo que quiero decir y prepare posibles preguntas u objeciones que reciba. En cualquier solución es recomendable visualizar el proceso, practicar y prever dificultades y otras salidas.

Mucha gente cree que, como la técnica de resolución de problemas es un método científico y probado, será capaz de resolver todas las situaciones, pero no es así. A veces no se alcanza el resultado elegido. Lo que nos asegura es la elección del mejor método, pero no debemos olvidar que los seres humanos nunca controlamos el resultado de nuestras acciones. En el siguiente capítulo, sobre la aceptación (una habilidad que va necesariamente asociada a la resolución de problemas), veremos que somos dueños de nuestras acciones, no de su resultado.

Esta es una gran lección para la felicidad: lo importante no es lo que obtengamos, sino intentarlo. Solo por haberlo hecho, ya tendríamos que estar satisfechos. Al final de la vida, de lo que más nos arrepentimos no es de los errores, sino de lo que no hemos intentado. Cuando nos equivocamos o fracasamos, debemos pensar que, al menos, no nos hemos quedado de brazos cruzados.

Por último, hacen falta flexibilidad y aceptación para, si nuestra primera solución no da resultado, cambiar a la siguiente que más nos satisfaga. Y si no es eficaz, desplazarse a la que venga después. Y así sucesivamente, si es necesario, hasta llegar al extremo de inmovilidad; es decir, a no hacer nada. Seguir este proceso es muy enriquecedor. La gente que no decide nada se siente atrapada, víctima de las circunstancias, bloqueada por el sufrimiento. Pero, con la resolución de problemas, uno sabe que, si llega a la inmovilidad, es por descarte, porque ha ido probando otras soluciones que no han resultado adecuadas o posibles. Uno está satisfecho porque, tras un proceso de decisión, es consciente de que es la mejor solución en este momento. Y siente que ha hecho lo que debía, que lo ha intentado.

PARÁBOLA: NOS ARREPENTIMOS DE LO QUE NO INTENTAMOS, NO DE LOS ERRORES

Gustavo Adolfo Bécquer fue el gran poeta español del Romanticismo (los poetas son especialmente capaces de identificar los sentimientos humanos y entender la realidad). Siempre me ha impresionado su *Rima XXX*, que dice así:

Asomaba a sus ojos una lágrima,
y a mi labio una frase de perdón;
habló el orgullo y se enjugó su llanto,
y la frase en mis labios expiró.

Yo voy por un camino, ella por otro;
pero al pensar en nuestro mutuo amor,
yo digo aún: ¿por qué callé aquel día?
Y ella dirá: ¿por qué no lloré yo?

He aquí un ejemplo de resignación, de no hacer nada, de no intentarlo. Al final de la vida, lo que se recuerda como desagradable no es lo que sale mal, sino aquello que nunca intentamos, pues siempre nos quedaremos con la duda de qué habría ocurrido. ¿Te ha pasado alguna vez?

Si pensamos que podemos hacer algo, lo importante es seleccionar una solución basada en una buena técnica (como la resolución de problemas) y ponerla en acción. Después de eso, el resultado no es lo importante, porque hicimos lo que pudimos y siempre tendremos que estar satisfechos por ello.

PRÁCTICA: LA RESOLUCIÓN DE PROBLEMAS

1. ELEGIR Y DEFINIR EL PROBLEMA

Elige un problema que te produzca malestar. Defínelo lo mejor posible: ¿qué es exactamente lo que te molesta? ¿Cuándo ocurre? ¿Quién lo provoca?

2. GENERAR SOLUCIONES

Sentado con papel y lápiz, dedica al menos quince minutos a escribir todas las posibles soluciones que se te ocurran en el manejo de ese problema. No te plantees si te gustan o no, ni siquiera si son factibles.

Asegúrate de que haya al menos seis opciones y de que estén los dos extremos: el de inmovilidad (quedarte como estás) y el de ruptura (lo más rompedor que seas capaz de imaginar, que a veces es matar a otra persona o a uno mismo). De esta forma, los dos extremos quedan claros, todas las otras soluciones están en el medio.

3. SELECCIONAR LA MEJOR SOLUCIÓN

Al menos un día después de escribir la lista de soluciones, siéntate y evalúalas. Tienes que hacer la inoculación de estrés: pensar en consecuencias adversas o inesperadas de cada una y preguntarte si podrías asumirlas. Siempre que elijas una opción, debes ser capaz de asumir la peor consecuencia; si no es así, renuncia a esa solución.

4. PONER EN PRÁCTICA Y EVALUAR LA SOLUCIÓN

Una vez elegida la solución, conviene visualizar cómo aplicarla y pensar en las dificultades que pueden aparecer y en sus salidas. No olvidemos que la técnica no asegura el resultado, sino que estamos utilizando la más eficaz, pues existen múltiples factores que intervienen y cuyo efecto es impredecible.

Por eso, la aceptación nos da suficiente flexibilidad para que, si la solución no es eficaz o viable, pasemos a la siguiente opción. Y así sucesivamente, si hace falta, hasta llegar al extremo de inmovilidad. Eso sí, siempre con la satisfacción de haberlo intentado, más allá del resultado.

RECUERDA

► No es posible no tener problemas. Lo que podemos hacer es desarrollar habilidades para resolverlos de la manera más satisfactoria.

► Ante un problema, la forma en que tendríamos que afrontarlo es un equilibrio entre la acción y la aceptación. No debemos contemplar la resignación ni la sobreactuación.

► La base de la resolución de problemas es afrontar primero la generación de soluciones (como mínimo, un listado de cinco o seis) y, al menos un día después, elegir la mejor. Hay que anotar el extremo de inmovilidad y el de ruptura. Se debe hacer inoculación de estrés para prever cualquier efecto adverso o inesperado y plantearse si nos compensa intentar esa opción. Por último, hay que valorar los pros y contras y decidir.

► Tenemos que estar satisfechos por haber intentado las cosas, independientemente del resultado. Al final de la vida, de lo que más nos arrepentimos los seres humanos no es de los errores, sino de lo que no hemos intentado.

7

VIVIR CON LO QUE NO PUEDE RESOLVERSE: LA ACEPTACIÓN

Si lloras por haber perdido el sol,
las lágrimas no te dejarán ver las estrellas.
Rabindranath Tagore

Este poema del gran poeta hindú Tagore es un excelente ejemplo de aceptación, la actitud que se debe adoptar ante la vida cuando experimentamos situaciones que nos desagradan pero que no podemos cambiar. El escritor también enfatiza algo en lo que insistiremos durante todo el capítulo: el presente siempre está ahí, *ocurriendo,* y (por repetición cercana) vale la pena vivirlo. Si nos quedamos enganchados al pasado (la puesta de sol), no experimentamos ni disfrutamos del presente (las estrellas).

LA DIFERENCIA ENTRE DOLOR Y SUFRIMIENTO

Una de las enseñanzas básicas del *mindfulness* es la diferencia entre el dolor, también llamado *sufrimiento primario,* y el sufrimiento, o *sufrimiento secundario.* Aunque ya lo hemos visto en el capítulo de la compasión, es una enseñanza fundamental que, en este punto, debemos revisar para entender la aceptación:

— Dolor: es la consecuencia de las circunstancias que nos trae la vida, de las cosas que nos ocurren. Es inevitable porque no tenemos control sobre lo que nos sucede. Buenos ejemplos son una enfermedad, un despido laboral o que una pareja rompa la relación y nos abandone.
— Sufrimiento: nos lo producimos nosotros en función de cómo reaccionamos frente el dolor. Ante una enfermedad, podemos hundirnos psicológicamente o con optimismo; tras ser despedidos, podemos sentirnos fracasados o buscar un nuevo trabajo con ilusión; después de una ruptura sentimental, podemos deprimirnos o seguir con nuestra vida sabiendo que seremos capaces de volver a querer a alguien.

Ambos sufrimientos son muy diferentes. En psicología, para describirlos se usa la parábola budista de *Las dos flechas,* que ya hemos comentado: la primera flecha es el dolor, y es inevitable. Se relaciona con la pérdida, la muerte, la enfermedad. La segunda flecha es el sufrimiento, innecesario y evitable. Tiene que ver con la no aceptación de la realidad, con la lucha estéril contra lo que nos ocurre. La vida nos clava la primera flecha a menudo, pero nosotros somos los que decidimos si, además, nos clavamos la segunda, que, además de evitable, es la que produce la mayor cantidad de sufrimiento.

Muchas personas muestran enormes dificultades para distinguir estos dos tipos de sufrimiento: piensan que van siempre unidos, pero no es cierto. No han aprendido a distinguir los sucesos que ocurren en la vida de nuestra respuesta ante ellos. Te pongo ejemplos en los que ambos se confunden:

— Cuando luchamos contra la realidad y no queremos aceptarla. Por ejemplo, nos diagnostican una enfermedad grave y buscamos compulsiva e inútilmente segundas opiniones de otros profesionales para confirmar que es un error.

— Cuando anticipamos el futuro y sufrimos por algo que aún no ha ocurrido. Por ejemplo, perdemos a un ser querido y pensamos cómo será nuestro futuro sin esa persona; sufrimos porque nunca podremos ser felices.

— Cuando buscamos culpables en nosotros mismos o en otras personas ante sucesos naturales o que son parte de la vida. Por ejemplo, en la muerte de un ser querido nos culpamos por no haber *estado ahí* o buscamos responsables en la administración o en otras personas por situaciones que no son prevenibles.

Hace unos años tuve que experimentar en primera persona una de estas situaciones de confusión entre dolor y sufrimiento.

RODRIGO O LA BÚSQUEDA DE CULPABLES

Un amigo mío falleció hace unos años en un accidente de tráfico. Fue un día de invierno, hacia las dos

---

de la madrugada, en una carretera de Castilla. Mi amigo volvía a su ciudad natal después de un curso intensivo que acababa a las nueve de la noche y tenía prisa por llegar esa misma noche a dormir a casa, aunque sabía que no podría hacerlo antes de las dos de la madrugada. Lo más sensato habría sido viajar la mañana siguiente. Por desgracia, el automóvil se salió de la carretera y, tras dar varias vueltas de campana, se estrelló. Me enteré porque me avisó su familia. El conductor había muerto, fue enterrado dos días más tarde.

Rodrigo era su hermano mayor. Siempre había cuidado de él, e incluso en el momento de la tragedia, en el que mi amigo tenía treinta y seis años, seguía protegiéndolo. El duelo de los padres fue demoledor, como no podía ser de otra forma, pero la reacción de Rodrigo resultó claramente anómala. Poco después del siniestro, buscó un abogado y empezó a preparar una demanda contra la Guardia Civil y contra el sistema sanitario por no haber auxiliado a su hermano lo suficientemente rápido. Según el atestado, la ambulancia había tardado cuarenta y cinco minutos en llegar al lugar del accidente, algo inaceptable para Rodrigo.

Varios amigos le desaconsejamos que siguiese por esa vía, pues no tenía ninguna posibilidad de *ganar* y, sobre todo, porque la demanda era absurda: no había existido error humano, más allá del de su hermano al conducir de forma temeraria: de acuerdo con el atestado, su velocidad en el momento del accidente era de más 140 kilómetros por hora, muy por encima de lo permitido en ese tipo de calzadas. Sin contar con que, en invierno y por la noche, a una temperatura de en tono a 0° C, era probable que la carretera estuviese helada y el coche hubiese patinado.

Pese a las recomendaciones de amigos y familiares, continuó con la demanda, que, como era esperable, no fue aceptada a trámite por el juez. Rodrigo desarrolló un duelo crónico y patológico. Todavía lo veo, más de diez años después, sin recuperarse de la muerte de su hermano, con un enfado permanente hacia el mundo y un enorme sentimiento de injusticia.

Los procesos de duelo siempre son complicados. En casos como el de mi amigo, el dolor o el sufrimiento primario es necesariamente intenso, ya que la muerte ocurre en una persona joven y de forma repentina (un accidente de tráfico). Pero, si además se produce en un hijo o en alguien a quien sientes que tienes que proteger, como le ocurría a Rodrigo, es mucho más probable que se complique.

Un duelo se complica porque añadimos sufrimiento secundario con nuestra reacción ante un suceso. En situaciones así, los psicoterapeutas siempre buscamos sentimientos de culpa, pues son muy frecuentes. Mi amigo quiso volver a casa una noche de invierno con temperaturas muy bajas, lo cual es poco razonable. Entonces me enteré de que la razón era que

Rodrigo celebraba al día siguiente una gran fiesta por su cuarenta cumpleaños, y le había insistido a mi amigo en que no podía faltar. Rodrigo se sentía culpable del accidente de su hermano, algo muy doloroso y difícil de gestionar. Por eso, para tratar de mitigar el sufrimiento desplazó la culpa hacia otros, las fuerzas de seguridad y los sanitarios, a los que acusaba de no haber llegado a tiempo. Desde fuera, todo el razonamiento es absurdo, ya que el propio atestado sugería que la muerte de mi amigo ocurrió de forma inmediata, dada la gravedad del accidente.

Rodrigo estaba demasiado atrapado por el duelo y la culpa como para ser capaz de ver que le había ocurrido una desgracia habitual: la muerte de un ser querido. La decisión de mi amigo de conducir una noche heladora de invierno no fue la mejor, y la de conducir a 140 kilómetros por hora tampoco. Si Rodrigo hubiese entendido que no podía cambiar lo ocurrido y que lo más saludable psicológicamente era llorar a su hermano e intentar seguir con su vida, no estaría todavía enganchado a un duelo crónico.

LA ECUACIÓN DEL SUFRIMIENTO

Lo que es difícil de aprender para los seres humanos es que hay una cierta cantidad de dolor, ligada a la propia existencia, que vamos a tener que experimentar. Es el dolor que, inevitablemente, nos trae la vida: enfermedades, muertes, envejecimiento, crisis económicas, rupturas sentimentales. Debemos aceptar que esto es inevitable. Pero, además, hay una cantidad mucho mayor de sufrimiento vinculada a nuestras expectativas poco realistas sobre el mundo. Este segundo tipo de dolor, producido por el diálogo interno y *responsable* de casi todo el malestar psicológico, podemos evitarlo.

¿Por qué surge el sufrimiento? Porque nos resistimos al dolor, al sufrimiento primario, en vez de aceptarlo. Por tanto, la ecuación del sufrimiento es la siguiente:

$$Dolor \times resistencia = sufrimiento$$

En los últimos años hemos visto un buen ejemplo con la pandemia de la COVID-19. El planeta tuvo que experimentar tres meses de aislamiento, un sufrimiento inevitable. Algunas personas se resistieron y se desesperaron, pasaron todo el tiempo quejándose, pensando en las muchas cosas que podrían haber hecho durante ese tiempo. Pero otras, pese a asumir que habría pérdidas de libertad y limitaciones, lo aceptamos por completo y buscamos la manera de disfrutar del parón que la vida imponía. Yo lo dediqué a pasar muchas horas con mi familia y a cultivar aficiones a las que, en períodos normales, me habría sido imposible acercarme. La diferencia entre el sufrimiento y el no sufrimiento la producen la resistencia y la aceptación.

Rechazo del aislamiento → *Dolor (8/10) x resistencia (10/10) = sufrimiento (80/100)*
Aceptación del aislamiento → *Dolor (8/10) x resistencia (1/10) = sufrimiento (8/100)*

¿Por qué surge el sufrimiento, es decir, por qué nos resistimos? Porque no aceptamos la realidad e intentamos controlarla. Ya hemos dicho que todos tenemos expectativas sobre cada uno de los aspectos de nuestra vida y que el diálogo interno surge para que el mundo se adapte a lo que esperamos de él.

De los múltiples problemas que nos surgen diariamente, unos son más dominables que otros. Para los problemas irrelevantes, como perder un autobús, el hecho de que no los tengamos bajo control no nos importa mucho. Pero, si se trata de problemas clave, como ser abandonados por una pareja o despedidos del trabajo, nos resistimos e intentamos cambiar la realidad, aunque sea imposible.

¿Cómo sabemos si hemos desarrollado aceptación? Existen dos grandes indicadores:

— Finaliza la lucha con la realidad: asumes que nunca tendrás ese objeto. Se nota porque:
   a) Sueltas el objeto y la mente se relaja: puedes pensar en el objeto perdido sin rabia, sin tensión.
   b) Sueltas el objeto y el cuerpo se relaja: el cuerpo no está tenso cuando piensas en el objeto, ha aceptado la realidad. Si hay tensión corporal, es que no se ha producido la aceptación, es el mejor indicador.
— Hay tristeza serena. Asumir que nunca tendrás ese objeto implica un duelo que va necesariamente asociado a la tristeza, pero es un sentimiento sereno, que

no impide la felicidad. No puede haber aceptación sin tristeza. De lo contrario, es que todavía existe la esperanza de conseguir el objeto y no se ha hecho el duelo de manera adecuada.

MI ABUELA VALENTINA O LA ACEPTACIÓN DE LO INEVITABLE

No conocí a mi abuelo paterno: era guardia civil y lo fusilaron el primer día de la guerra en la ciudad cántabra de Reinosa. Mi abuela tuvo que vivir con esa desgracia y sacar adelante a sus cinco hijos (dio a luz a nueve, pero cuatro fallecieron en aquella época de elevada mortalidad infantil). Nunca la vi llorar ni preocuparse por las adversidades del día a día. De carácter recio, como castellana vieja, disfrutaba cuando las cosas iban bien y miraba a la vida a los ojos cuando pintaban bastos, que era a menudo.

A la edad de quince años, a la que ya me empezaban a interesar la psiquiatría y la meditación, recuerdo que le pregunté: «Abuela, ¿cómo pudiste soportar tanto sufrimiento?». Ella me miró como si le hubiese planteado una cuestión absurda, convencida de que no había una causa para los sucesos, de que estos simplemente ocurrían: «Fue la voluntad de Dios, hijo mío. Las personas no elegimos lo que nos pasa, solo vivimos».

En plena adolescencia, con una visión del mundo rebelde y polarizada entre lo justo y lo injusto, insistí:

—Pero el mundo no fue justo contigo, abuela. No te merecías tanto sufrimiento.

—Nadie se merece sufrir, hijo, pero vivimos en un valle de lágrimas —dijo recordando la oración de la Salve, que ella tan bien conocía.

—¿Nunca te rebelaste contra tu destino? —volví a interrogarla.

Sonriéndome con su cara más tierna, respondió: «¿Rebelarme? ¿Y a quién le habría pedido cuentas? No, hijo, siempre le agradecí a Dios que, pese a la guerra, me conservase cinco hijos. Disfruté mucho con ellos, y con todos los nietos que me han dado, como tú».

Mientras la abrazaba pensaba que no sería como ella, conformista y resignado, sino que me pelearía con el mundo hasta vencerlo. Solo ahora, cuarenta años después, puedo apreciar la gran sabiduría que destilaban sus palabras y cómo mi abuela fue un gran ejemplo de aceptación que todavía ilumina mis días.

La sabiduría consiste en no pelearse inútilmente contra lo que no se puede cambiar, en hacerse amigo de lo inevitable.

Dificultades para la aceptación

A muchas personas la simple idea de aceptar la realidad les repele. Estas son las principales razones:

— La aceptación parece implicar aprobación o que no queremos cambiar nada: aceptar la realidad (por ejemplo, ser despedidos de nuestro trabajo) no quiere decir que la aprobemos (seguramente, consideraremos que es injusto) ni que no queramos actuar al respecto (buscaremos un nuevo empleo o pondremos una denuncia si hay base legal). Aceptarla implica que hacemos lo que podemos por cambiarla, pero que asumimos que la realidad es así, sin resistirnos.

— Cuanto mayor es el dolor, mayor es la dificultad para la aceptación: cuanto más importante es para nosotros el problema y más dolor nos produce, como la muerte de un hijo, más difícil es la aceptación. Incluso nos parece que aceptarlo es una falta de amor hacia esa persona o una falta de compromiso con la vida. Es frecuente que surjan sentimientos de culpa si no se entiende bien el concepto, y ese es el origen de muchos duelos crónicos.

— Siempre creemos que tenemos algo de control: este es el problema principal. Nos resistimos a asumir que muchas de las cosas que pasan en la vida se escapan a nuestro control. Por otra parte, la idea del pensamiento occidental es que el ser humano puede modificar cualquier aspecto de su entorno, a diferencia de lo que observamos en la mentalidad oriental. Nuestra filosofía ha permitido a los occidentales el desarrollo de la tecnología y el dominio del mundo externo, pero no ha contribuido a hacernos más felices.

El coste de la no aceptación: El sufrimiento propio y de los otros

La vida del ser humano es un duelo continuo. Todos tenemos que experimentar la pérdida de otras personas, de objetos, de la juventud, del vigor... Los duelos solo se resuelven cuando se llega a la aceptación; de lo contrario, se quedan con nosotros y afectan por completo a nuestra existencia. Y no solo a la nuestra: también a la de los que nos rodean.

Un proceso no aceptado, un duelo no resuelto, suele tener grandes implicaciones negativas en nuestro entorno, en la familia y en los amigos. Puede ser una fuente de sentimiento de culpa para los demás y disparar la sensación de abandono. Veamos un ejemplo.

Gloria o el duelo no resuelto

Gloria era una bancaria de cuarenta y cuatro años, casada y con tres hijos varones, de veintiuno, diecisiete y catorce años. Llevaba una vida razonablemente feliz hasta que su hijo mayor, Juan, desarrolló un sarcoma de Ewing, un cáncer raro de hueso que afecta a jóvenes y que suele ser maligno. Cuando se lo diagnosticaron ya se había producido metástasis, y, pese al agresivo tratamiento, el muchacho murió a los pocos meses.

Juan era deportista de cierto éxito y participaba en campeonatos nacionales de balonmano. Era también algo hipocondríaco; algunas semanas antes del diagnóstico se había quejado a su madre de dolores en la rodilla, y Gloria había minimizado su importancia aduciendo que sería consecuencia del deporte que practicaba.

Pero cuando se confirmó la enfermedad, Gloria se sintió culpable; pensaba que, como ella no había hecho caso a su hijo y había interpretado erróneamente como cansancio los síntomas neoplásicos, su hijo había muerto por su culpa. Era una idea absurda, ya que el oncólogo había confirmado que, aunque se hubiese diagnosticado tres meses antes —cuando aparecieron los indicios—, el pronóstico no habría variado.

Tras la muerte de Juan, Gloria entró en un duelo patológico. Iba casi a diario al cementerio a visitar a su hijo y tuvo que dejar de trabajar. Cuando el marido, meses después, la hablaba amablemente de la inutilidad de acudir tanto al cementerio, ella lo acusaba de ser un mal padre, de no querer a su hijo muerto, y acabó divorciándose de él. Los otros dos hijos nunca más recuperaron a su madre, su sensación fue la de quedarse huérfanos en vida. Ambos desarrollaron una depresión, pero no por la muerte de su hermano, sino por la enfermiza reacción de su madre.

El caso de Gloria es paradigmático de los duelos no resueltos, por lo que he podido ver muchos casos similares en la consulta (la muerte de un hijo es el mayor sufrimiento que puede experimentar un ser humano): su incapacidad le produce a ella un intenso sufrimiento, pero también al entorno. Tras el fallecimiento de un hijo, más de la mitad de los padres acaban divorciándose porque se echan la culpa el uno al otro, igual que ocurrió entre Gloria y su marido. Y los hijos supervivientes suelen quedar anulados ante la intensidad del duelo de los padres.

LA VIDA ES UNA INTERPRETACIÓN

Los seres humanos tendemos a interpretar todo lo que nos ocurre, de forma inmediata, y lo clasificamos como «bueno» o «malo», como «agradable» o «desagradable», como «justo» o «injusto». Pero es absurdo etiquetar la vida de una forma u otra, solo ocurre. Como reza un proverbio japonés: «La vida no es buena ni mala, simplemente es la vida».

Pensemos en circunstancias como una enfermedad, una ruptura de pareja o un despido que llegan de forma inesperada. La mayoría consideraría que son situaciones adversas, negativas para el individuo, y que le van a hacer sufrir. Pero no necesariamente tiene que ser así.

Como psiquiatra, he visto a cientos de personas que habían desarrollado una depresión. Para muchas, era algo terrible por el dolor, por la sensación de fracaso y por el estigma que, a veces, lleva asociado. Pero, para aproximadamente un 25% de mis pacientes, una depresión (y lo mismo podríamos decir de un infarto de miocardio o de un divorcio) es lo mejor que les ha pasado. ¿Por qué? Porque les ha permitido parar, comprender lo que es importante para ellos y, a partir de ahí, cambiar su vida en esa dirección, tener más tiempo, preocuparse menos por las cosas que no son relevantes y llevar una existencia con más sentido.

A menudo, esta reinterpretación positiva de lo negativo no se produce inmediatamente:

— Primero suele existir un período de incredulidad o *de negación,* como lo llamamos en psicología.
— Después, hay un período de rabia e ira contra todo lo que nos rodea, porque consideramos que es injusto lo que nos ha ocurrido y estamos enfadados.
— Posteriormente, puede haber miedo al futuro, ya que nos inquieta cómo será nuestra vida tras este importante cambio.
— Suele haber también tristeza conforme comprendemos las consecuencias de esta situación, ya que, generalmente, viene asociada a pérdidas.

Es cierto que muchas personas nunca llegan a la aceptación, sino que se quedan atrapadas en alguno de estos estadios. Pero a los que sí consiguen reinterpretar los sucesos negativos y darles un sentido, convertirse en maestros en parte del proceso de aprendizaje les otorga una fuerza increíble. Lo que les permite es aprender lo bella que es la vida pese a que existe el sufrimiento, la importancia de atrapar cada instante y disfrutarlo, el absurdo de preocuparse por las pequeñas cosas y de amargarse por ellas cuando tenemos la suerte de estar aquí, a empatizar con el sufrimiento de los demás y a saber que todos estamos en este gran barco que es nuestro planeta y que por eso nos sentimos solidarios con ellos. Siempre digo que, para mí, la técnica psicológica más potente y curativa es esta: la reinterpretación positiva de los sucesos vitales negativos.

LA PATENTE DE CORSO

Casi todos hemos afrontado situaciones adversas. Hay gente que no las supera, que se queda enganchada en ellas y que las utiliza para justificar cualquier error o defecto en el que debería trabajar. Son, como yo las llamo, *personas que viven con patente de corso*. A finales de la Edad Media y en la Edad Moderna, muchos países, entre ellos España, Francia e Inglaterra, concedían este tipo de patentes. Los dueños de un barco podían solicitarla, y se les otorgaba el permiso de atacar puertos de naciones enemigas y desvalijarlos, a cambio de una comisión para el Estado. En suma, la patente de corso era una especie de licencia para cometer todo tipo de tropelías.

He conocido a muchas personas así. Les han ocurrido cosas negativas en la vida: la muerte temprana de un progenitor, la ruina de la familia durante su juventud, una enfermedad, un accidente... Por otra parte, muestran conductas inadecuadas que deberían modificar, como insultar o maltratar a parientes, utilizar mecanismos manipuladores o victimistas para que otros hagan lo que quieren o estar crónicamente en la cama con la excusa de una enfermedad inexistente. Pues bien, cuando se les hace notar lo inapropiado de sus conductas, su respuesta suele ser: «¿Cómo me pides esto, es que no te doy pena? Con todas las cosas malas que me han ocurrido en la vida... Por eso soy como soy, por eso me comporto así».

Este funcionamiento victimista, el uso de la patente de corso por el sufrimiento pasado, no resulta positivo porque impide el cambio hacia un mayor bienestar y cronifica el dolor. Pero, además, agotará a todos los que rodean a quien actúa así: acabarán abandonándolo o hartándose de esa persona, pues percibirán ese funcionamiento como una excusa.

Desarrollar la resiliencia y la aceptación

La resiliencia es uno de los conceptos que más se han desarrollado en la psicología durante los últimos años. Podría definirse como la capacidad de los individuos para recuperarse de las circunstancias adversas y para seguir viviendo de forma satisfactoria para ellos y para su entorno.

Los seres humanos no podemos controlar las circunstancias, lo que la vida nos da, es decir, el sufrimiento primario. Todos vamos a experimentar enfermedades, muertes y el envejecimiento propio y ajeno; además, quizá afrontemos calamidades como guerras, pandemias, violaciones, maltratos y otros traumas. Lo que sí podemos elegir (aunque no es fácil) es cómo reaccionamos a ese sufrimiento primario. La mayoría de las personas se resisten, y hacen de ello un duelo crónico que amarga sus vidas o que utilizan como patente de corso para producir lástima. Otros, sin embargo, intentan generar aceptación sobre lo que les ha sucedido y pasar página para llevar una vida plena pese a los golpes recibidos: eso es resiliencia.

¿Cómo se desarrolla la aceptación? En psicología, la aceptación se considera una cualidad sublime, pues produce una gran sensación de bienestar. Los estudios científicos confirman que la mayor parte de los beneficios físicos y psicológicos que producen psicoterapias como el *mindfulness* se relacionan directamente con el aumento de la aceptación en el individuo.

Todas las técnicas que desarrollamos en este libro incrementan de manera indirecta la aceptación, pero existen prácticas específicas que permiten hacerlo de forma directa. Personalmente, soy un gran amante de la aceptación, me parece la vía más eficaz hacia la felicidad del ser humano. Llevo años impartiendo cursos de ocho semanas sobre este tema, y muchas personas consideran que es la enseñanza más valiosa que han recibido. A continuación te propongo un resumen, breve pero muy útil, de cómo desarrollar progresivamente esta cualidad (y te invito a que incluyas estas prácticas en tu rutina semanal). Conoceremos la postura corporal asociada a la aceptación y aprenderemos a desarrollar la aceptación fundamental y, posteriormente, una aceptación aún más avanzada.

LA POSTURA Y LAS FRASES DE LA ACEPTACIÓN

Cuando se quiere desarrollar una emoción, se empieza adoptando la postura corporal asociada a ella, en este caso, a la aceptación. Después, se continúa generando el diálogo interno, los pensamientos asociados a la emoción. Una de las imágenes que mejor la representan es la escultura de la Piedad del Vaticano, de Miguel Ángel Buonarroti. La Virgen acaba de experimentar la mayor adversidad que, según la psicología, puede sacudir a un ser humano: la muerte de un hijo. En su caso, además, la de su único hijo. La Virgen sostiene a Jesucristo sobre el regazo con el brazo derecho, mientras su mano izquierda dirige la palma hacia el cielo. Mira a su hijo con un semblante de tristeza serena. Ni en su cuerpo ni en su cara se observa la más mínima señal de tensión. La absoluta relajación de cuerpo y mente muestra que no hay lucha, que no hay expectativa de que el mundo sea de una forma diferente a como es, y no existe ningún reproche ni a Dios ni al mundo.

Siéntate en una postura cómoda, con los ojos cerrados, y coloca las palmas de las manos hacia arriba, apoyando el dorso sobre los muslos. La postura de palmas hacia arriba disminuye la tensión, la resistencia, por lo que facilita la aceptación. Este es el primer paso. Junto a la postura corporal, es necesario generar pensamientos que evoquen la emoción y la desarrollen. Hay dos niveles de desarrollo de la aceptación: el básico, que veremos en esta sección, y el avanzado, que analizaremos después en este mismo capítulo. No debemos dejarnos confundir por las palabras: el nivel *básico* ya es un gran logro en aceptación, más que suficiente para no sufrir. Lo que ocurre es que existe un nivel superior, más beneficioso psicológicamente.

Hemos descrito la aceptación como la no lucha, la no búsqueda de una alternativa a lo que ha ocurrido. Ni siquiera buscamos una explicación, pues no suele haberla; simplemente, comprendemos que es así. Entendemos que la vida, tal y como se manifiesta y aunque no nos agrade, es adecuada, y por eso la mente abandona cualquier otra posibilidad. No existe diálogo interno que desarrolle otra posibilidad ni que critique, compadezca o culpe a alguien o a algo por lo que ha ocurrido.

En la aceptación básica, algunas de las frases que podemos utilizar para desarrollar el nivel inicial son las siguientes (ten siempre en cuenta que solo son ejemplos, que las frases más eficaces son las que generamos nosotros mismos):

— «Así es la vida».
— «Así ocurrió».
— «Fue de esa forma».
— «Así son las cosas».
— «Tenía que ser así».
— «No podría haber sido de otra manera» (cuando lo que ocurre es que no conocemos todas las causas).

A la vez que nos decimos las frases, debemos conectar con los principios de la aceptación. Sobre todo, con el hecho de que los fenómenos ocurren por causas y circunstancias que, en la mayoría de los casos, no conocemos y no podemos cambiar y con la convicción de que, si fuésemos capaces de conocer todas las circunstancias, llegaríamos a la conclusión a la que han llegado sabios de la tradición *vedanta,* quienes afirman: «Las cosas no podrían haber sido de otra manera».

Práctica 1: La aceptación fundamental

Adopta la postura de meditación. Trae a tu mente algún suceso u objeto que no aceptes pero que sepas que no puedes cambiar. Observa el malestar en el cerebro y la tensión en el cuerpo. Ahora adopta la postura de aceptación. Haz varias respiraciones conscientes y dite a ti mismo algunas de las frases de aceptación básica, como «así son las cosas», «no podría haber sido de otra manera». Piensa en el sentido de cada frase durante uno o dos minutos y deja que te penetre, que se funda en ti. No la repitas como un mantra, de forma continua, sino solo cada uno o dos minutos. Deja que la frase y su significado vaya formando parte de ti, de tu visión del mundo. Permanece un mínimo de cinco minutos viviendo las frases; luego, lentamente, deshaz la postura de aceptación. Notarás que el suceso o el objeto está más aceptado porque hay menos malestar en la mente y en el cuerpo hay menos tensión. También puedes percibir cierta tristeza serena. Seguramente no llegues a la aceptación total con solo una práctica; es necesario que la hagas varias veces, pero lo habitual es que alcances otra perspectiva del suceso en cuestión. Cierra la meditación sintiendo que, pese a no haber llegado a la aceptación absoluta, puedes seguir siendo feliz. Notarás el fruto de la práctica en que, cuando traigas a la mente aquello que no aceptas, existirá menos malestar en la mente y menos tensión en el cuerpo. No estará resuelto del todo, pero lo más seguro es que se haya producido un efecto positivo.

PRÁCTICA 2: LA ACEPTACIÓN AVANZADA

Adopta la postura de meditación. Trae a tu cabeza algún suceso u objeto que no aceptes. Observa el malestar en la mente y la tensión en el cuerpo. Ahora, adopta la postura de aceptación. Haz varias respiraciones conscientes y realiza la práctica de aceptación básica, que siempre debe preceder a la de la avanzada. Si notas un grado mayor de aceptación, puedes pasar a la avanzada; si no es así, debes seguir practicando el primer nivel.

Haz varias respiraciones tranquilas e identifica alguna ganancia o beneficio que pueda resultar de esta situación adversa. No se pretende que la ganancia compense o se equipare a la pérdida, ya que, aparentemente, puede ser mucho menos importante. Lo que se busca es que la mente no se focalice en la pérdida, sino que se abra a una visión nueva del suceso, donde pérdida y ganancia siempre vayan unidas. De hecho, usamos ese famoso proverbio zen: «Una pérdida, una ganancia». La ganancia suele ser un aprendizaje, algo que nos permite apreciar mejor la vida y/o ayudar a otras personas en condiciones parecidas. Sobre esta base, genera una frase del tipo: «Pese a que ocurrió esto [el evento adverso], gracias a ello fui más capaz de entender o darme cuenta de tal otro aspecto de mi vida». Mantente ahí de dos a tres minutos, observa el efecto de la postura y las frases de aceptación.

Notarás el efecto de la práctica en que, cuando traigas a la cabeza aquello que no aceptas, existirá menos malestar en la mente y menos tensión en el cuerpo. También suele aparecer una sensación de tristeza serena: la comprensión de que, pese a haber perdido una cosa o una persona, puedes seguir siendo feliz en la vida y de que el sufrimiento es inevitable en el ser humano.

PARÁBOLA: LA HISTORIA DE WEI

Wei era un ganadero que vivía en la antigua China. Poseía algunas cabezas de caballos. Un verano el rebaño se fue a la montaña cercana, con lo que parecía que Wei se había quedado sin ganado. Los vecinos del pueblo le dijeron:

—Tiene que estar muy triste, señor Wei. Está arruinado.

—Puede que sí, pero puede que no —les contestó.

Cuando llegó el invierno, el rebaño volvió al pueblo: muchas yeguas habían tenido crías y su número era mucho mayor. Algunos del pueblo comentaron:

—Señor Wei, tiene que ser muy feliz. Ahora es rico con tanto ganado.

—Puede que sí, pero puede que no —volvió a responder Wei.

Algunos meses después, el hijo primogénito del señor Wei (la cultura china prioriza a los varones primogénitos) sufrió un accidente con los caballos y se lesionó la columna. Debía guardar cama durante muchos meses. Los vecinos le dijeron al ganadero:

—Tiene que estar hundido, señor Wei. Su primogénito no podrá trabajar durante meses. ¡Qué gran desgracia!

—Puede que sí, pero puede que no —contestó una vez más Wei, inmutable.

Pocos meses más tarde, China entró en guerra con Manchuria, y el emperador ordenó la leva de los primogénitos de todo el país, que debían ir al frente. Las personas de la aldea le dijeron:

—Tiene que estar muy feliz, señor Wei. Su hijo se salvará, mientras que todos nuestros hijos morirán en la guerra.

—Puede que sí, pero puede que no —respondió, como siempre, Wei.

Uno nunca sabe si lo que le ocurre es bueno o malo. Cualquier etiqueta no es la realidad.

RECUERDA

► Hemos comprendido la gran diferencia entre el sufrimiento primario o dolor (las experiencias a las que nos somete el mundo) y el sufrimiento secundario o, simplemente, sufrimiento, que es el que nos generamos nosotros con el diálogo interno por su no aceptación, por resistirnos.

► Hemos visto que la aceptación no implica aprobación de lo que está ocurriendo.

► Hemos observado la importancia de la reinterpretación positiva de los sucesos vitales negativos para aumentar la resiliencia.

► Hemos aprendido a practicar la aceptación básica y la avanzada.

8

DISFRUTANDO DEL LADO POSITIVO DE LA VIDA

Cada día es el mejor día de tu vida.
Ralph Waldo Emerson

Pocas personas a lo largo de la historia han expresado de una forma tan clara como el escritor romántico norteamericano Ralph Waldo Emerson la visión positiva de la vida. Pero no es fácil pensar como lo hace él y, mucho menos, actuar de forma coherente con su filosofía. ¿Sabes por qué?

LA VISIÓN NEGATIVA NATURAL DEL CEREBRO HUMANO

¿Te has observado alguna vez interpretando de forma negativa el futuro sin tener suficientes evidencias? La mayoría lo hacemos con frecuencia. Es un rasgo que llamamos *atávico,* es decir, que se encuentra profundamente instalado en nuestro cerebro desde el inicio de los tiempos. Incluso las personas con un rasgo general optimista comparten la visión natural hacia lo negativo. ¿Por qué? Tenemos que remontarnos a la época de los grandes depredadores. Los seres humanos no cultivábamos la tierra, sino que éramos cazadores y recolectores. Vivíamos en pequeños grupos de varias familias, quizá entre treinta y cincuenta personas, y migrábamos en cuanto el alimento escaseaba. Éramos cazadores, sí, pero también presas habituales de otros animales mayores.

Sobrevivir implicaba que nuestra atención se orientara hacia todo lo que guardase relación con los depredadores: sus sonidos se detectaban de forma especial, así como su olor o su rastro en el bosque. E intentábamos predecir su comportamiento, algo en lo que acabó especializándose nuestro cerebro. Toda la información sobre los animales que podían matarnos —es decir, información negativa— fue la que se primó. Por eso nuestra mente está sesgada y busca en el entorno, de entrada, la información negativa. En aquella época, los humanos *felices* que disfrutasen alegremente del paisaje, del aroma de las flores o de una puesta de sol, ajenos a lo demás, eran una presa fácil. De ahí que la evolución no considerase la búsqueda de la felicidad como un rasgo útil.

En suma, nuestro cerebro no está diseñado para que seamos felices, sino para la supervivencia. Y, aunque desde la estructuración de la mente del ser humano han transcurrido cientos de miles de años, la impronta sigue ahí. Pero ya no existen los depredadores, no amenazan nuestra vida, y el cerebro es lo suficientemente plástico como para que podamos modificarlo. Vamos a ver cómo.

LA VISIÓN NEGATIVA DE LA PSICOLOGÍA Y LA PSIQUIATRÍA

Como el resto de las actividades humanas, la psicología y la psiquiatría también han estado sesgadas hacia lo negativo desde su nacimiento, hace siglos. Estaban básicamente centradas en la patología, en las enfermedades, y por eso se especializaron en la depresión, la ansiedad o la esquizofrenia. Durante años estudiaron su sintomatología y su pronóstico, y desarrollaron técnicas psicoterapéuticas y farmacológicas para mejorarlas.

Sin embargo, nunca se preocuparon sobre cómo aumentar la felicidad o el bienestar de las personas sanas, de aquellos que no tenían una enfermedad psicológica. Parecía que el simple hecho de no padecer un trastorno equivalía a estar bien, a ser feliz. Hoy sabemos que no es así. La psicología positiva, una de las ramas de la psicología, ha estudiado esta cuestión, y ahora podemos trabajar en ella.

Sabemos que un tercio de la población sufrirá alguna enfermedad mental, principalmente, depresión. Es lo que llamamos tener *afecto negativo,* malestar. Pero, de los dos tercios que nunca experimentarán un trastorno psicológico, la mitad (es decir, otro tercio de la población) no serán felices, no disfrutarán de bienestar psicológico: no tendrán *afecto positivo.* Estos dos tipos de afecto constituyen asuntos independientes, y existen intervenciones que actúan sobre ambos, como muchas psicoterapias, y otras que solo actúan sobre uno de ellos.

El ejemplo más claro es el de los fármacos antidepresivos. Si padecemos una depresión y nos pautan esta clase de tratamiento, el 70% de las personas mejorarán en mayor o menor grado, pues son eficaces para disminuir el afecto negativo. Pero si no somos felices, no gozamos de bienestar psicológico, y a la vez, no tenemos una depresión, ya podemos atiborrarnos de antidepresivos que nuestra felicidad no crecerá ni un ápice, ya que estos fármacos no aumentan el afecto positivo. Por eso debemos trabajar sobre ambos; Sin embargo, generalmente solo intentamos disminuir el afecto negativo.

¿CÓMO NOS AFECTA EN LA VIDA LA VISIÓN NEGATIVA DE LA MENTE?

Ya hemos comentado que el cerebro humano está sesgado hacia las emociones y los pensamientos negativos: al estructurarse en la época de los grandes depredadores, en la que la supervivencia era el objetivo principal, la evolución provocó el desarrollo de la capacidad para gestionar la información sobre las especies que suponían una amenaza (una información que era negativa).

Pero ¿cómo se manifiesta miles de años después la visión negativa? Fíjate en lo que ocurre si trabajas de cara al público, en una tienda, por ejemplo. Si al final de la jornada has atendido a veinte personas, de las que diecinueve se han ido muy satisfechas y una ha discutido contigo, ¿qué contarás a tu pareja cuando vuelvas a casa? No le dirás que la mayoría de la gente ha salido contenta, sino que has tenido un follón con una persona. Es decir, un 5% de negatividad se sobrepone al 95% de positividad. Esa es la respuesta humana habitual.

Lo mismo ocurre en cualquier otra situación. Si vamos diez días de viaje turístico a otro país y todo sale a la perfección, pero perdemos el avión de vuelta por un error del *transfer* al aeropuerto, etiquetaremos el viaje en su conjunto como un desastre. Si acudimos a un restaurante de moda y la cena es espectacular, pero en el último momento el camarero nos mancha el traje con la salsa, el plan entero se convertirá en un horror. Las empresas de servicios lo saben, por eso intentan cuidar hasta el mínimo detalle: un pequeño error hará que los clientes valoren negativamente toda la experiencia.

Observa que también usamos el mismo patrón en las relaciones interpersonales; por ejemplo, en las de pareja. Si hemos tenido una de cinco o diez años que en ese tiempo resultó muy satisfactoria, pero, en los últimos meses, se ha deteriorado y ha desembocado en una separación y en discusiones, toda la relación la consideramos un fracaso y algo negativo en nuestra vida, pese a que durante años fuimos felices.

EL POSITIVISMO MAL ENTENDIDO

Es importante insistir en que algunas personas entienden el positivismo de forma errónea. Creen que consiste en pensar que siempre les van a ocurrir cosas buenas y que no existen las experiencias negativas, o, por lo menos, no para ellas. Pero luego, cuando las circunstancias les son adversas, dado que sus expectativas no eran realistas, se desploman emocionalmente: no se lo esperaban.

El cambio que produce la psicología positiva, igual que el resto de las corrientes psicológicas que aumentan el bienestar, es que produce empoderamiento. Se trata de darse cuenta de que, independientemente de las circunstancias de la existencia —incluso aunque sean negativas—, tenemos suficientes recursos personales para afrontarlas y sacar de ellas algo positivo. Esto otorga una gran sensación de seguridad y bienestar, porque uno sabe que puede sobrevivir a lo

que ocurra, sin importar lo que sea, y disfrutar de los pequeños momentos maravillosos que nos regala la vida cada
día... si sabemos descubrirlos.

Antonia o la pseudopositividad

Antonia tiene treinta y seis años y trabaja como
dependienta en una herboristería. La conocí en un
curso de meditación, ya que ella es una buscadora in-
fatigable de enseñanzas y maestros, aunque aún no ha
encontrado ninguno que la convenza lo suficiente.
Siempre está sonriendo o hablando con dulzura, incluso en situaciones en las que no procede, como
cuando hay que llamar la atención a alguien o hay que
preocuparse razonablemente para tomar una decisión. Cuando es necesario planificar cualquier acción
futura, ella afirma que no hace falta y prefiere impro-
visar. Su frase favorita, que repite como un mantra,
es: «Todo saldrá bien». Pero su manera de decirla es
impostada, y no convence a los que la rodean, pues
sabemos que el mundo no funciona así. De hecho,
cuando las cosas no funcionan, Antonia sufre grandes
dificultades para adaptarse y suele echar la culpa a
otros, cuando es ella quien no ha evaluado lo suficiente las posibles consecuencias. Esto provoca que le resulte difícil mantener amigos o parejas —ya que la
sensación que transmite es la de negar las dificultades
de la vida de forma ingenua y poco eficaz— y que,

> cuando las personas que la quieren intentan hacerle comprender los problemas asociados a su conducta, ella se defienda afirmando que posee una visión muy positiva de la vida y que los demás son los negativos.

Para mí, Antonia representa el tipo de personas que malinterpretan la positividad. He visto mucha gente así, especialmente en entornos espirituales o de ayuda, como en las ONG. Presentan una visión poco realista y nada práctica, creen de forma absurda en la bondad infinita del ser humano y poseen la ingenua convicción de que el mundo conspira para favorecerles en toda circunstancia.

Lo que pretende la psicología positiva no es eso: busca individuos eficaces, que planifiquen de una forma razonable su vida, aunque sepan que el resultado es siempre impredecible y que no depende de ellos. No se abandonan a la inacción o a la suerte, sino que su compromiso es actuar de la mejor forma posible. Si el resultado no es el deseado, lo aceptan sin problema. Y, en todo momento, disfrutan del milagro de estar vivos.

EL NIVEL BASAL DE FELICIDAD

Como tenemos una visión natural hacia lo negativo, cualquier pequeña cosa que no es como esperábamos la etiquetamos rápidamente como negativa, lo que tiñe de forma adversa una experiencia que, en general, es positiva. Hemos puesto los ejemplos de un viaje turístico, una cena y una relación de pareja.

Mientras que el umbral para lo negativo es muy bajo, el umbral para lo positivo es muy elevado: solo vemos como positivas situaciones intensas, como un ascenso en el trabajo o que nos toque la lotería.

Esto es lo que constituye el nivel basal de felicidad. La mayoría de las personas que conozco se encuentran a diario con algunas circunstancias adversas y ninguna que consideren positiva, lo que hace que su nivel basal de felicidad sea plano (podríamos puntuarlo con un cero). Piensan que la vida es gris, un simple pasar. Por eso no es extraño que cuando les preguntas «¿qué tal te va la vida?», una respuesta frecuente sea «tirando» o «así así». Sobre esta base, cuando les ocurre algo negativo, digamos que de una intensidad de menos quince, lo sienten como mucho peor porque su estado basal es muy plano.

Sin embargo, quienes vivimos con positividad y consideramos que la vida es un regalo encontramos diariamente situaciones maravillosas que nos llenan de alegría. Esto hace que nuestro nivel basal sea mucho más elevado que cero: digamos que es, por ejemplo, más veinte. Esa es la razón de que, cuando se nos pregunta «¿qué tal te va?», contestemos «muy bien» o «estupendamente». No es una pose, es que de verdad lo sentimos así. Y, por eso, cuando la existencia nos trae inevitables circunstancias negativas, estamos mucho mejor preparados para sobrellevarlas, nos afectan menos. Sobre un nivel basal de más veinte, una situación de menos quince no es tan perjudicial como si el nivel basal fuese plano. Esta metáfora puede ayudarnos a entender cómo funciona la mente de las personas positivas.

El efecto del pensamiento positivo

Un pensamiento positivo como funcionamiento habitual se asocia a grandes beneficios físicos y mentales. Ya hemos dicho que el estrés produce el aumento del cortisol, lo que altera los mecanismos de neuroinflamación, daña diferentes órganos, como los del aparato cardiocirculatorio o el páncreas, y facilita la aparición de cáncer. El pensamiento positivo es un neutralizador del estrés, con lo que se previenen estas enfermedades y la sensación global de bienestar es enorme. Y en personas que padecen cáncer o que han sufrido lesiones o intervenciones quirúrgicas, acelera la recuperación y mejora el período postquirúrgico.

Los beneficios psicológicos son también intensos. Es más difícil desarrollar una depresión o un trastorno de ansiedad con pensamientos positivos. Y, en individuos sanos, se asocia a una gran cantidad de fortalezas psicológicas, de forma que son más prosociales, felices, altruistas, optimistas, curiosos, creativos y sabios. Muestran una mayor inteligencia emocional y satisfacción con la vida. El pensamiento positivo es, por tanto, muy importante.

Es interesante conocer algunos iconos del pensamiento positivo, ya que, en circunstancias extremadamente adversas, esta manera de funcionar es lo que permite la supervivencia, lo que marca la diferencia entre la vida y la muerte. Ponemos un buen ejemplo a continuación.

Iván Denísovich o la lucha por la vida

Un día en la vida de Iván Denísovich es una novela corta del premio Nobel de Literatura ruso Aleksandr Solzhenitsyn. En ella relata un único día de un preso en uno de los campos de trabajo de la época soviética, basado en su propia experiencia y en la de otros muchos presos que conoció. El protagonista se encuentra en el entorno más adverso que se puede imaginar: trabaja diez horas en tareas de construcción al aire libre, con temperaturas que en invierno rondan los cincuenta grados bajo cero. En un contexto donde todo es terrible, ínfimas alegrías, como un simple cazo más de sopa, unos guantes menos deteriorados, una palabra amable de un compañero de presidio, un mínimo gesto de humanidad de un carcelero o la satisfacción del trabajo bien hecho, son experiencias a las que Iván se agarra para dar sentido al absurdo de la tortura y poder seguir adelante. Muchos de sus compañeros murieron, pero él, gracias a su forma positiva de ver las cosas, sobrevivió.

Ejemplos similares de cómo sobreponerse mediante el pensamiento positivo a situaciones límite son Viktor Frankl, quien describe su experiencia en los campos de concentración nazi en el libro *El hombre en busca de sentido*, o la conmovedora película *La vida es bella*, donde el director italiano Roberto Benigni relata magistralmente los esfuerzos de un padre abnegado para que su hijo sufra lo mínimo posible también en el contexto de un campo de exterminio nazi. En todos los casos la capacidad de desarrollar una visión positiva del mundo convierte un auténtico infierno en la tierra en un lugar más soportable.

Cómo incorporar la visión positiva a nuestras vidas

La psicología positiva busca enseñarnos a modificar de forma progresiva la visión negativa natural de nuestra mente. Existen una serie de técnicas para ello que vamos a descubrir a continuación. Son muy sencillas y, a la vez, muy eficaces:

— En relación con nosotros mismos:
  • Evocar emociones positivas.
  • ¿En qué somos buenos?
  • La mejor versión de nosotros mismos.
— En relación con el mundo:
  • Sonreír.
  • Saborear.
  • Agradecer.

Evocar emociones positivas

Ya hemos descrito que tenemos una tendencia natural hacia el afecto negativo (lo que desencadena depresión, ansiedad y malestar en general) y un déficit en la generación de emociones positivas (que se asocian a alegría, paz y confianza).

La capacidad de evocar y crear estas últimas produce, de forma inmediata, sensación de bienestar y modifica nuestro estado de ánimo.

¿Cómo se evocan emociones positivas? Cuando estamos con amigos o personas queridas, solemos recordar aquello que nos une, que, principalmente, son los buenos momentos compartidos. Focalizarse en las sensaciones de bienestar que nos produjo un evento, pero sin apegarse ni sentir duelo por los tiempos pasados, es posible con una actitud *mindful,* abierta. Esta evocación es factible cuando estamos solos en cualquier momento, y nos permite generar la misma sensación de bienestar siempre que lo necesitemos (por ejemplo, tras una discusión con otra persona o en un momento de ánimo bajo).

Las emociones pueden evocarse también mediante objetos, como fotografías de seres queridos o de una mascota, un regalo de alguien que nos aprecia o la imagen de algo hermoso de la naturaleza o creado por el ser humano. Son objetos que nos recuerdan la belleza del mundo o el afecto de otros seres y que elevan nuestro estado de ánimo. A menudo sirven, además, para contrarrestar emociones negativas: si, por ejemplo, hemos tenido una discusión con un compañero de trabajo o un amigo y estamos disgustados, ver la foto de nuestros hijos nos saca de ese estado y nos equilibra.

¿EN QUÉ SOMOS BUENOS?

De la misma forma que nuestra mente se focaliza en los estímulos negativos, también lo hace en cuanto a la valoración de nosotros mismos. Si nos preguntan de repente

«¿cuáles son tus defectos?» o «¿en qué actividades o conocimientos te manejas mal?», lo más probable es que la respuesta surja de forma rápida y espontánea y describamos con facilidad nuestros puntos débiles. Curiosamente, cuando a la mayoría nos preguntan, también de manera inesperada, «¿en qué actividades o conocimientos eres bueno?», nos quedamos en *shock* y no sabemos qué contestar, pues no estamos acostumbrados a pensar y a hablar de nuestras fortalezas.

El objetivo de esta práctica no es desarrollar un orgullo narcisista, sino hacernos conscientes de nuestras fortalezas y consolidarlas. Tomar conciencia de los puntos fuertes para potenciarlos y, de paso, sentirnos bien por poseer esas cualidades. El propósito es reconocer que cada ser humano es único, que cada uno tiene unas habilidades y cualidades específicas, que todos poseemos alguna. La idea, de nuevo, es contrarrestar la perspectiva negativa y vernos de una forma más ecuánime y equilibrada.

LA MEJOR VERSIÓN DE NOSOTROS MISMOS

La práctica consiste en visualizarnos dentro de uno, cinco o diez años e imaginar cómo será entonces un día de nuestra vida en lo personal y en lo profesional. Debemos desarrollar una versión de nosotros mismos que nos resulte motivadora y que nos acerque a la felicidad, ya sea porque hemos logrado algunas de nuestras metas y deseos, porque hemos superado ciertos problemas o conflictos o por alguna otra razón.

Hay que imaginar de la manera más detallada posible esta situación y describir cómo sería un día ideal representativo de la nueva perspectiva. Lo recomendable es centrarse en aspectos alcanzables y coherentes con el marco temporal que hemos escogido. Con frecuencia, tendemos a exagerar lo que somos capaces de hacer a corto plazo, como un año, y subestimar lo que podemos lograr a largo plazo, por ejemplo, en una década.

Tener claro cómo queremos ser, qué queremos hacer y cómo deseamos desarrollarnos en lo personal y en lo profesional nos brinda una base que nos facilita el ir acercándonos más a los aspectos concretos actuales y a las posibilidades futuras. Podemos también fijarnos en nuestras fortalezas (acuérdate del ejercicio del apartado *En qué somos buenos)* y pensar cómo ayudarán a acercarnos al ideal de nosotros mismos.

Este ejercicio facilita:

— Aumentar nuestras emociones positivas.
— Incrementar nuestro nivel de felicidad, optimismo y esperanza.
— Mejorar nuestras estrategias de afrontamiento ante circunstancias complejas.

SONREÍR

Esta es una de las técnicas más sencillas y fáciles de utilizar. El psicoanálisis siempre ha considerado que el humor es el mecanismo de defensa y de afrontamiento más sano del ser humano. No el humor crítico o destructivo hacia otras personas, sino un humor compasivo hacia uno mismo y hacia los demás, que sea comprensivo y que observe la parte positiva de las dificultades que afrontamos. Se trata de poder ver que la vida es siempre hermosa, aunque haya momentos duros.

Los niños sonríen cuando no sienten miedo, es una especie de marca de que no existe peligro. Para los adultos es una señal de falta de preocupación y de conexión con el entorno. Constituye uno de los gestos o ejercicios más placenteros y tranquilizadores que hay. Pruébalo ahora mismo: sonríe. No tiene por qué haber una causa concreta, sonreímos porque estamos vivos, y eso, sin más, es un milagro y una alegría.

Observa a los grandes maestros de la meditación, a las personas que disfrutan de un gran bienestar, a tus modelos de referencia: son personas que sonríen con facilidad, que pueden echar una carcajada intensa ante cualquier circunstancia y que disfrutan de un gran sentido del humor sano y contagioso. Pero ¿por qué nos cuesta tanto sonreír? Las principales razones son las siguientes:

— Por falta de aprendizaje: el ser humano imita. Si en los primeros años de vida no hemos tenido el registro de una emoción o de una actividad, posteriormente nos será más difícil desarrollarla, pues no la hemos adquirido de pequeños. Es lo que ocurre con los idiomas: resulta mucho más sencillo aprenderlos de pequeños que de adultos. En muchas familias la sonrisa y la risa son conductas desconocidas y son consideradas inapropiadas. Sobre esa base será difícil sonreír en el período adulto.

— Por la sensación de banalidad: muchas personas se toman la vida y a sí mismas muy en serio, creen que todo es muy importante, importantísimo, como hemos comentado en el capítulo 1. Sienten que la vida es una amenaza continua, una suerte de competición, donde no podemos bajar la guardia, porque, de lo contrario, seremos engañados, vencidos o perjudicados de alguna forma. Esa percepción de peligro constante hace que la sonrisa, que implica lo contrario, no se desarrolle.

— Por sentimientos de culpa: la culpa es el sentimiento más destructivo que podemos tener. Es la emoción que los psicoterapeutas buscamos, para eliminarla, en la depresión y el duelo crónicos. Impide disfrutar de la vida, pues creemos que estamos en deuda, que, si somos demasiado felices, no lo merecemos, que tenemos que expiar nuestras culpas por alguna conducta supuestamente equivocada en el pasado.

Por eso, sonríe siempre que puedas, no necesariamente delante de nadie, sino también estando solo: sonríele a la vida. Y ríe a menudo: quítales hierro e importancia a muchos de los sentimientos que nos aterran, como la vergüenza, la culpa o el miedo.

Saborear

El *mindfulness,* que consiste en el desarrollo de la atención, genera la experiencia del observador, lo que permite estar atento a cualquier experiencia sin apegarse a ella (es decir, sin desear que vuelva a ocurrir) y sin rechazarla (lo que implica no querer compulsivamente que no vuelva a ocurrir). Con esta actitud mental, el saboreo es una práctica que permite vivir y disfrutar a fondo cualquier experiencia positiva, incluso las situaciones sencillas de cada día en las que no reparamos, en vez de pensar en otra cosa y ser esclavos del diálogo interno.

El campo de la degustación de alimentos es uno de los entornos donde más se emplea. La práctica consiste en saborear lentamente el producto, intentando experimentar todo el placer que produce su ingesta, manteniendo la atención en las sensaciones gustativas y olfativas agradables, pero sin caer atrapado para no desear seguir comiendo. La idea es relacionarse con los alimentos como si fuésemos un catador o un sumiller.

El saboreo se puede aplicar no solo a la comida, sino a cualquiera de las múltiples sensaciones agradables que percibimos en el día a día: experiencias en la naturaleza (una puesta de sol, un bello paisaje), experiencias artísticas (una sinfonía, una obra pictórica) o situaciones cotidianas (tomar una cerveza con un amigo, conversar con un hijo, el saludo amable de un vecino). El saboreo va muy ligado al agradecimiento, técnica que analizaremos a continuación.

AGRADECER

Consiste en intentar identificar tres situaciones sencillas y habituales de la vida cotidiana, que nos produzcan bienestar o alegría, como tomar un café con un amigo, una puesta de sol, jugar con los hijos o con una mascota, pasear por el parque, comer o beber algo que nos gusta… Se caracteriza por tomar conciencia de los pequeños placeres, que son los que más se asocian a la felicidad, y detenerse uno o dos minutos a degustarlos lentamente y a experimentarlos en su plenitud (saboreo). Después, agradecemos a la vida, a nosotros mismos y a los demás la fortuna de poder estar disfrutando de un momento que nos merecemos (agradecer).

El objetivo es ir adiestrando nuestra mente para no focalizarse en las emociones negativas ni en los aspectos amenazadores, sino para que podamos aprender a disfrutar e identificar cada vez mejor las situaciones y emociones positivas. Este proceso es muy importante porque las emociones se autoperpetúan: si uno tiende a experimentar emociones negativas, lo hará cada vez con mayor facilidad y frecuencia, pero, si aprende a identificar y disfrutar de las emociones positivas, también le ocurrirán más a menudo y cambiarán su percepción del mundo.

JUAN O EL AUTÉNTICO POSITIVISMO

Conocí a Juan en el hospital. Era un hombre de cuarenta y dos años, comercial, casado y padre de dos hijos. Debido a su trabajo tenía que viajar frecuentemente, casi siempre en coche. Un día tuvo la mala suerte de sufrir un accidente de tráfico: su coche patinó a causa de la lluvia y se salió de la carretera. La consecuencia fue la parálisis total de las extremidades inferiores, lo que le obligaba a desplazarse en silla de

---

ruedas. Había sido una persona muy activa y vital. Cuando fui a verlo por primera vez a la planta de traumatología, pensé que sería una intervención difícil. El duelo por la pérdida tan extrema de funcionalidad en gente joven y sana, cuando ocurre de una forma brusca como un accidente de tráfico, suele ser difícil de resolver, y los individuos tardan en adaptarse.

No fue el caso de Juan. Había asumido el cambio tremendo en su situación vital que suponía el accidente. Tendría que reestructurar por completo su trabajo, aunque estaba en negociaciones con la empresa para seguir haciéndolo de manera telemática. Asumía que debía adaptar su casa a la silla de ruedas, modificar el baño y algunos muebles, ensanchar las puertas y cambiar otros accesorios. Sabía que nunca más podría montar en bicicleta ni hacer montañismo, dos de sus grandes aficiones deportivas. Era consciente de que el dolor sería su nuevo amigo y de que con sus amigos no podría quedar como antes ni compartir algunas de las actividades que tanto disfrutaban. Acciones tan sencillas como cocinar, ir al baño o andar por la calle se convertirían en desafíos.

Pero por encima de todo, estaba vivo. Los médicos se asombraban de que hubiese sobrevivido tras semejante accidente. Y, por eso, aunque no tenía creencias religiosas, daba gracias por estar todavía en este mundo. Consideraba que toda su vida había ido deprisa, sin darse cuenta de las muchas cosas buenas que le pasaban cada día. Ahora había vuelto a nacer y quería aprovechar cada segundo que le restase para ser feliz y hacer felices a los demás. Su vida tenía un claro propósito y, pese a que sabía que su existencia sería difícil, se sentía un privilegiado.

La reacción de Juan no era una negación, como a veces ocurre en los primeros momentos tras una lesión de este tipo, sino una sana adaptación resiliente a una circunstancia muy adversa. Era pensamiento positivo y agradecimiento en su expresión más pura. Todos los sanitarios que le acompañamos aprendimos mucho de Juan, convirtiéndose en una luz para todos nosotros.

PARÁBOLA: EL CIELO Y EL INFIERNO

Se cuenta que a un gran santo se le permitió ver cómo eran el cielo y el infierno. El ángel que lo acompañaba le comentó que ambos lugares eran exactamente iguales; lo que los hacía diferentes era la mente de las personas que habitaban en ellos. En el infierno, las personas se generaban a sí mismas el sufrimiento, mientras que en el cielo se producían felicidad. El santo no podía entenderlo porque siempre había pensado que la felicidad y el sufrimiento estaban fuera de nosotros, que los producía el mundo.

En la visita al infierno vieron que la gente estaba comiendo unos deliciosos dulces servidos en unas ollas: no podían tocar la comida con las manos, para cogerla disponían de una especie de palillos largos como escobas. Resultaba imposible con esos palillos meterse la comida en la propia boca, porque medían más que la longitud del brazo y el alimento se caía. Todo el mundo estaba enfadado y hambriento, sufriendo intensamente, sin verle ninguna salida al problema.

Cuando fueron al cielo, encontraron la misma situación: dulces deliciosos en ollas que debían ser ensartados con palillos muy largos, de forma que uno no podía alimentarse a sí mismo. Pero aquí las personas se daban de comer las unas a las otras, así que a ninguna le faltaba el alimento. Todos eran felices y disfrutaban. El mundo era el mismo, pero los habitantes del infierno lo percibían como hostil y como causa de sufrimiento, mientras que los del cielo lo sentían como una bendición que los llenaba de felicidad.

Esto es lo que consigue el pensamiento positivo: percibir el mundo, independientemente de sus características, de una forma más agradable que nos genere mayor bienestar.

PRÁCTICA: SABOREAR Y AGRADECER

Si realizas la práctica al final de la jornada, céntrate en ella; si la haces por la mañana, focalízate en el día anterior.

1. IDENTIFICAR

Identifica tres situaciones sencillas del día anterior (o del mismo día, si haces el ejercicio por la noche) que te produjesen bienestar o alegría. No son, para nada, situaciones extraordinarias, sino comunes (hemos puesto algunos ejemplos al describir la práctica de agradecer): una sonrisa o una palabra amable de un desconocido, el olor a lluvia, el calor amable del sol, la sensación del viento en la cara, una tienda o un edificio hermoso, la belleza de una persona al caminar… Como ves, las posibilidades son infinitas.

2. RECORDAR Y SABOREAR

Consiste en revivir esos momentos y detenerse uno o dos minutos a degustarlos lentamente, para experimentar el bienestar que nos producen en su plenitud. Esto es a lo que llamamos *saboreo*. Después viene el agradecimiento, que siempre debe ser triple: a nosotros mismos por darnos la posibilidad y tener la sabiduría de apreciar la vida de esta forma. Nos hacemos conscientes de que nos merecemos ser felices, igual que se lo merecen el resto de los seres vivos; a los demás, ya que habitualmente son otras personas o mascotas los artífices de esos momentos; a la vida, o a Dios o a la conciencia universal, en función de cuáles sean nuestras creencias. Es decir, a algo superior a nosotros mismos, a algo que nos trasciende y que seguirá existiendo cuando no estemos. Ese algo que une a todos los seres de todos los tiempos: desde lo que fue y ya no existe hasta lo que aún no es pero existirá.

3. Buscar momentos mágicos en el día a día

El objetivo es ir adiestrando nuestra mente para no focalizarse por defecto en las emociones negativas y en los aspectos amenazadores de la vida. La idea es aprender a identificar y disfrutar cada vez mejor las situaciones y emociones positivas. Este proceso es muy importante porque las emociones se autoperpetúan: si uno tiende a experimentar emociones negativas, cada vez lo hará más fácil y frecuentemente, pero, si aprende a identificar y disfrutar las emociones positivas, también cada vez le ocurrirá más a menudo, lo que cambiará su percepción del mundo.

Hace unos años existía un juego consistente en buscar Pokémon con la ayuda del teléfono móvil. Se intentaba detectar en cualquier lugar a estos seres imaginarios. Esta práctica es similar: se trata de poder percibir los innumerables eventos únicos y felices que la vida nos ofrece cada día. Así modificaremos nuestro nivel basal, que pasará de ser neutro y anodino a feliz y satisfactorio. Y eso ejercerá de escudo ante las inevitables situaciones negativas, de forma que su efecto será mucho menor.

Recuerda

► El cerebro del ser humano esta sesgado hacia lo negativo.

- ▶ Es posible entrenar el cerebro para generar pensamientos y emociones positivas, lo cual produce efectos física y psicológicamente.

- ▶ Es erróneo pensar que ser positivo es creer ingenuamente y sin ninguna base que las cosas nos van a salir bien. En lo que consiste es en el empoderamiento de saber que, aunque las circunstancias sean adversas, tenemos recursos para superarlas.

- ▶ Algunas de las técnicas sencillas para desarrollar un pensamiento positivo son sonreír, saborear y el agradecimiento.

9

¿ADÓNDE VAS? EL SENTIDO
Y EL LEGADO

Quo vadis, Domine?
(*¿Adónde vas, Señor?*).
Hechos de Pedro (Hechos apócrifos, s. II d.C.)

Seguro que has oído alguna vez la frase *quo vadis,* que da título a una película histórica de gran éxito en los años cincuenta del pasado siglo. Se encuentra vinculada a una tradición cristiana que gira en torno a San Pedro. Según uno de los textos apócrifos, *Hechos de Pedro,* cuando el emperador romano Nerón, en el año 64, inició una feroz persecución contra los cristianos, por miedo a que lo matasen, Pedro huyó de Roma por la Via Apia. La tradición dice que, en el camino, vio a Jesucristo cargando con una cruz y de camino, precisamente, a Roma. Entonces, Pedro le planteó la famosa pregunta: «¿Adónde vas, Señor? *[quo vadis, Domine?]*». A lo que Jesucristo respondió, con voz lastimera, sin apenas mirarlo: «A Roma para ser crucificado de nuevo».

Pedro, avergonzado por su actitud, volvió a la Ciudad Eterna a seguir predicando. Y, como no podía ser de otra forma, fue martirizado, crucificado cabeza abajo. En el lugar en el que esto ocurrió se levanta hoy la basílica de San Pedro, en el Vaticano. Sobre esa *piedra* (pues eso significa

Pedro), fue construida la iglesia católica, como el propio Jesucristo vaticinó.

Si eso fue un milagro real o una experiencia mental de Pedro es irrelevante y, probablemente, indistinguible. Lo que sí fue es una revelación. Y él la siguió. Si no lo hubiese hecho, su vida habría sido muy distinta, como también lo habrían sido el destino de la Iglesia y el de la humanidad.

GRANDES PERSONAJES HISTÓRICOS Y EL SENTIDO DE PROPÓSITO

Siempre me han fascinado las biografías de los grandes personajes de la humanidad. Uno de mis objetivos con esas lecturas era encontrar claves compartidas por todos ellos. Pronto comprendí que eran demasiado variados y complejos como para encontrar un denominador común. Sin embargo, en mi opinión, la característica omnipresente era el sentido de vida, una idea de propósito muy intenso y contagioso. En suma, todos poseían una clara visión de cuál era su misión en el mundo.

Un ejemplo fue el británico Ernest Shackleton, la primera persona en cruzar la Antártida pasando por el Polo Sur. Cuenta la leyenda que, para reclutar a la tripulación de su Expedición Imperial Transantártica, en 1914 publicó este anuncio en la prensa inglesa: «Se buscan hombres para un viaje peligroso. Sueldo bajo. Frío extremo. Largos meses de completa oscuridad. Peligro constante. No se asegura retorno con vida. Honor y reconocimiento en caso de éxito».

¿Quién podría responder a esa loca invitación al infierno? Quizá pensemos que nadie en su sano juicio se apuntaría, pero lo hicieron miles de personas. De ellos, y tras un exhaustivo estudio, Shackleton eligió a los 26 hombres que lo acompañarían en la mayor proeza de la exploración polar. Todos ellos sentían que tenían una misión que cumplir, y, por eso, las extremadamente adversas circunstancias externas les parecían irrelevantes.

El ser humano en busca de sentido

Viktor Frankl fue un psiquiatra austriaco de origen judío, creador de la corriente terapéutica llamada *logoterapia*. Fue el primero en hablar del sentido de la vida en su libro *El hombre en busca de sentido*. Entre 1942 y 1945 sufrió encierros en cuatro campos de concentración nazis, incluidos los terribles Auschwitz y Dachau. Sus padres, su esposa, su hermano, su cuñada y muchos de sus amigos murieron torturados, pero él logró sobrevivir. Esta profunda experiencia marcó su vida y su obra.

Afirmaba que, en cualquier momento de nuestra existencia, existen dos ejes de referencia:

— El eje del éxito: se trata de la sensación de que nos va bien o mal en la vida, de éxito o fracaso, sobre todo, según lo percibe la sociedad. Va asociado a reconocimiento, la fortuna o el poder.
— El eje del sentido: es un eje interno, la sensación de que la vida que llevamos tiene sentido para nosotros y vale la pena vivirla. Es independiente del eje del éxito y está sustentado por nuestros valores.

Con frecuencia, puede haber una gran discrepancia entre ambos. Un ejemplo son las personas de gran éxito social y fortuna, como las estrellas de la canción o del cine, que en la cúspide de su carrera pueden convertirse en adictos a drogas o cometer suicidio. Por el contrario, existen otras personas que tienen mala suerte, tanto en lo económico como en lo laboral, e incluso en las relaciones interpersonales o por experimentar pérdidas de seres queridos, pero que son capaces de darle un sentido a su vida, de desarrollar resiliencia y de resistir con una sonrisa ante las adversidades. Por lo tanto, lo importante no es tanto lo que nos ocurre como que podamos darle un sentido.

SI UNO NO SABE ADÓNDE VA, CUALQUIER LUGAR PUEDE CONVERTIRSE EN LA META

Cuando un paciente viene a mi consulta, sobre todo si padece una enfermedad crónica o que va a durar bastante tiempo, aparte de lo habitual en cualquier entrevista médica, suelo preguntarle: «¿Cuál es su sentido de la vida?». ¿Cuántas personas crees que tienen una respuesta clara? Muy pocas, quizá menos del 10%. No solo eso: muchos pacientes me miran con asombro, como si les estuviese planteando algo irrelevante, cuando no ofensivo. En seguida les explico por qué quiero saberlo. Si uno no sabe adónde va, nunca estará seguro de cuándo ha llegado. Por eso, si encuentra un repecho o un descanso en el camino, es muy posible que se quede allí sin buscar nada más.

En el camino de la vida, esas paradas son, a veces, agradables, como el nacimiento de un hijo, una nueva relación satisfactoria o un logro profesional. Otras veces son adversas, como una enfermedad o cualquier otra desgracia. Tanto en un caso como en otro, nublan nuestra perspectiva y es fácil que uno pierda de vista para siempre la meta. Eduardo es un buen ejemplo.

Eduardo o la enfermedad que truncó un proyecto

Eduardo era un varón de treinta y cinco años. Hijo de un médico y de una trabajadora social, quiso hacer enfermería para trabajar en el tercer mundo y ayudar a otras personas, con el apoyo incondicional de sus padres, personas muy idealistas.

Decidió, por tanto, estudiar dicha carrera y consiguió acabarla con notas brillantes. Ejerció la profesión durante un breve período en su ciudad para entrenarse y poder desempeñarla con más confianza en el país africano que había elegido. Pero, de forma inesperada, y tras un pequeño accidente con la bicicleta, fue diagnosticado de fibromialgia.

El cansancio y el dolor se fueron cronificando. Los tratamientos sin éxito y las consultas a diferentes especialistas se multiplicaron. Tras más de cuatro años en esa rueda, la enfermedad había llenado su vida y su noble objetivo inicial se había olvidado. Estaba enfadado con el sistema sanitario porque no resolvía su problema. Este tema ocupaba todo su tiempo y su esfuerzo, por lo que había empezado una cruzada por

---

los derechos de los pacientes como él, para que pudiesen ser más reconocidos y apoyados. Había conseguido que le declarasen oficialmente una minusvalía, de forma que la empresa que lo contratase recibiría algunos beneficios económicos, además de tener que realizar algunas adaptaciones para su puesto de trabajo.

Cuando lo vi por primera vez en la consulta, Eduardo estaba en la fase que llamamos de *enfado con el mundo*. Obviamente, su vida había cambiado de forma drástica por la enfermedad, le había presentado importantes limitaciones. No es fácil hacer el duelo y asumir que las cosas nunca serán como antes. El anhelo por recuperar la salud perdida nos hace entrar en un bucle sin salida, pues muchas enfermedades crónicas suponen limitaciones irreversibles. La no aceptación de este proceso nos lleva al enfado y a la lucha contra el mundo.

Aceptar que la vida ya no será como antes no es fácil. La razón es que pensamos que, con la discapacidad, nunca podremos volver a ser felices. Pero la aceptación y la sensación de bienestar asociado a ella son fenómenos mentales, no físicos.

Una de las formas de facilitar este proceso es conectar con el proyecto vital original. Eduardo lo tenía: quería ayudar a las personas de África que sufrían. La aparición de la fibromialgia le había hecho olvidar su noble propósito. Pero lo recuperamos. Cuando lo vio claro, comprendió que no estaba en condiciones de satisfacer ese objetivo como él había pensado inicialmente, es decir, trabajando como enfermero en otro país. Pero un valor siempre se puede satisfacer de muchas maneras. Podía trabajar con inmigrantes subsaharianos en España con la misma ONG con la que pensaba ir a África. Y podía ayudarles aquí ofreciéndoles educación para la salud y otras técnicas y sentir que estaba cumpliendo el sentido de su vida.

Después de unos meses de tratamiento, las sensaciones de dolor y fatiga no habían disminuido apenas, pero no existía depresión asociada. Había aceptado la enfermedad y sus limitaciones y tenía un propósito vital que le daba sentido y bienestar.

Muchas de las enfermedades que padecemos en el siglo XXI son crónicas, y, si aparecen, la vida ya no será como antes. Si no hemos desarrollado un claro propósito, es frecuente que la enfermedad estructure nuestra existencia y nos dé sentido. Un sentido de queja y desesperanza, puesto que tenemos una expectativa —volver a un tiempo anterior— que no se va a cumplir. Pero podemos seguir disfrutando de un caminar valioso y satisfactorio si aceptamos las limitaciones de la enfermedad y conectamos con nuestro sentido de la vida.

DIFERENCIA ENTRE OBJETIVOS Y VALORES

Existe una gran diferencia entre vivir la vida queriendo alcanzar objetivos y vivirla basándose en valores. Los objetivos son realizaciones concretas que se alcanzan o no, como hacer la carrera de Medicina, ser directivo de una empresa o, como en el ejemplo de Eduardo, trabajar de enfermero en África. Por el contrario, los valores son metas inalcanzables que orientan nuestra vida, que, como si fuesen la estrella polar, nos marcan la dirección. Tanto en el caso de Eduardo como en el de que queramos estudiar Medicina, el valor que subyace tras ese objetivo debería ser ayudar a otros seres humanos.

Cuando actuamos sobre la base de los valores, los objetivos son flexibles: no pasa nada si no se consiguen, porque pueden sustituirse por otros, ya que todos nos acercan a los valores y nos proporcionan bienestar. Eduardo no está en condiciones de ser enfermero en África (un objetivo), pero sí puede ayudar desde una ONG en España (otro objetivo), pues ambas misiones vehiculizan su valor vital de *ayudar a los demás*. Si nos centramos solo en los objetivos, por el contrario, nos volvemos rígidos, ya que, si se consiguen, entonces nos producen alegría, pero, si no se logran, nos generan sufrimiento.

Otro ejemplo es el de la elección profesional. Los objetivos de la mayor parte de las personas no están anclados a valores: por eso no son flexibles, sino cerrados, y no pueden ser sustituidos por otros. En el caso de la elección profesional de una persona como Eduardo, el objetivo es una profesión concreta, por lo que solo le vale estudiar Medicina o Enfermería. Si, por la razón que sea, no lo consigue, este hecho puede convertirse en una fuente importante de frustración y sufrimiento, una causa de queja frecuente en las consultas de psicología. Por el contrario, si actuamos por valores, si somos conscientes de que nuestro valor principal es ayudar a la gente, la aspiración puede vehiculizarse estudiando cualquier otra profesión sociosanitaria o, sin ni siquiera estudiar, ayudando en una ONG o similar. Si actuamos por objetivos, el sufrimiento está asegurado, mientras que, si actuamos por valores, la felicidad va a ser mucho más estable.

EL SENTIDO DE LA VIDA Y LOS VALORES

La psicología define *sentido de la vida* como el grado en que un individuo da sentido e importancia a su vida y cree que tiene un propósito general. Tiene dos componentes:

— El sentido que la gente le da a la vida, lo que queremos transmitirles a los demás con nuestra existencia. Es el aspecto cognitivo del sentido de la vida.
— Lo que tratamos de hacer y aspiramos a lograr, es decir, el propósito.

Ambos se complementan. Tener un claro sentido de la vida se asocia a cualidades positivas, como más bienestar psicológico y menos frecuencia de trastornos psiquiátricos, así como mayor resiliencia y fortaleza de carácter.

El sentido de la vida se estructura sobre los valores. Los valores son los objetivos vitales que tiene una persona en la vida, lo que es importante para ella, aquello por lo que le gustaría ser recordada tras su muerte. Nunca nos sacian, y dan calidad y sentido a nuestros actos. Mucha gente nunca ha reflexionado sobre los valores. Sin embargo, ninguna de nuestras acciones, para mantenerse en el tiempo (practicar *mindfulness,* seguir una conducta saludable), puede realizarse de forma aislada, sin un sentido global. No tendría fuerza suficiente si no fuese porque encaja con nuestros valores. Cualquier acción, si va a perdurar, debe estar anclada a los valores del individuo.

DOS EJERCICIOS SENCILLOS PARA REFLEXIONAR INICIALMENTE SOBRE LOS VALORES

1. EJERCICIO DE REFLEXIÓN

Consiste en pensar en aquello que es más importante para nosotros en la vida. Para ello, adoptamos nuestra postura de meditación, hacemos algunas respiraciones conscientes y pasamos a reflexionar sobre qué queremos hacer. Tras algunos minutos terminamos el ejercicio y podemos apuntar en un cuaderno las principales ideas que han surgido.

2. EJERCICIO DEL EPITAFIO

La técnica anterior permite sensibilizar sobre el tema, pero es muy racional. Para conectar de forma más emocional con nuestros valores, se usa la técnica del epitafio. Tiene menor intensidad emocional que la *del anciano,* que describiremos al final del capítulo *(Práctica 1),* pero resulta muy útil como introducción.

Consiste en adoptar la postura de meditación, realizar varias respiraciones conscientes y reflexionar sobre qué frase pondríamos en nuestra tumba como epitafio: una frase corta que resumiese nuestro paso por el mundo, lo que hemos querido transmitir a los demás con nuestra vida.

DEFINIENDO NUESTROS VALORES

Son muchos y diferentes los valores que podemos tener. Esta es una de las listas más utilizadas para identificarlos, pero es posible incluir cualquier otro que se nos ocurra. Como se ve, abarca los principales aspectos de la vida:

- Pareja.
- Familia e hijos.
- Amigos.
- Trabajo.
- Educación/formación.
- Ocio/diversión.
- Comunidad, ciudadanía y política.
- Espiritualidad.
- Cuidado físico.
- Ecología y naturaleza.

Lo importante no es tener unos valores u otros: todos son valiosos, y la relevancia que cada individuo les otorga es personal. Por eso, cualquier terapeuta que trabaje con valores tiene buen cuidado en no modificar los valores del individuo ni, menos aún, inducirlo a que adopte los suyos. El objetivo clave es que cada persona pueda identificar sus valores y tener clara la importancia de cada uno de ellos en su vida. Existen dos razones básicas para esto:

— Que podamos ser congruentes con nuestros valores, algo que nos producirá una gran satisfacción al final de la vida.
— Que puedan constituir la base de las acciones de nuestra vida, es decir, generar acciones comprometidas con nuestros valores.

Una forma de conectar con cómo podríamos definir esos valores es describir una *dirección valiosa* en cada uno de ellos. Es decir, definir cómo sabremos que nos estamos acercando a nuestra aspiración con respecto a un valor concreto. Siempre hay que tener en cuenta que los valores son objetivos inalcanzables por definición, como una estrella que orienta nuestro camino, y ya hemos dicho que esa es una importante diferencia entre valores y objetivos.

En la tabla siguiente te propongo algunos ejemplos que utiliza la gente para describir la dirección valiosa de sus valores. Puede servirte como inspiración. Te recomiendo que hagas lo mismo con tus principales valores. Puede llevarte tiempo y es posible que necesites reflexionar varias veces sobre ello.

Valor	Narración de la dirección valiosa
Relaciones familiares	«Mantener una relación fluida con mis hijos y sus familias».
Matrimonio/ pareja	«Tener una relación conyugal satisfactoria, auténtica y comprometida».
Amistades y relaciones sociales	«Tener amistades valiosas y significativas, en las que nos ayudemos mutuamente».
Trabajo y carrera profesional	«Desarrollar un trabajo en el que sienta que ayudo a la gente, en el que colabore para que el mundo vaya mejor».
Educación y desarrollo personal	«Realizar actividades de desarrollo personal que mejoren mi bienestar y el de otras personas».
Tiempo libre y ocio	«Dedicar mi ocio a actividades valiosas para mí: espirituales, ecológicas, sociales…».
Espiritualidad	«Llevar una vida acorde con mis creencias religiosas».
Ciudadanía, política e inquietudes sociales	«Participar activamente en la mejora de las condiciones sociales de los seres humanos».
Ecologismo y naturaleza	«Dedicar mi ocio a actividades ecológicas y de naturaleza, a cuidar al planeta».
Salud y bienestar	«Vigilar mi salud para cuidar mejor a mi familia y a otras personas».

La congruencia de los valores

Ya hemos comentado que lo importante no es qué valores tiene cada individuo, sino el hecho de ser congruente con ellos. Esa congruencia es lo que da sentido a la vida y lo que nos llenará de bienestar al final de nuestra existencia. Una medida fiable de congruencia es el tiempo que dedicamos a los valores importantes. Si, para nosotros, cierto valor es clave, lo congruente es que le dediquemos bastante tiempo. Un ejemplo de incongruencia es el del anciano que, antes de morir, comprende que lo más importante eran su familia y sus hijos, pero apenas le dedicó tiempo a estar con ellos: siempre estaba trabajando.

La incongruencia con los valores constituye una importante causa de sufrimiento. Es típico encontrar a gente que, cuando llega al final de su vida, es consciente de que ha dedicado la mayor parte de su tiempo a cuestiones que no eran las más importantes, como el trabajo. Un ejemplo es el ya descrito del anciano que es consciente de que ha estado toda la vida trabajando, de que se ha perdido la infancia y la adolescencia de sus hijos y de que ahora ya es tarde y no puede cambiar lo que ha hecho.

A continuación te invito a completar la siguiente tabla puntuando de 0 a 10 la importancia de nuestros valores y el tiempo que dedicamos a ellos. En cuanto a la congruencia, valórala como «muy baja», «baja», «media», «alta» o «muy alta». En los dos primeros casos encontrarás puntuaciones de ejemplo.

ÁREA	IMPORTANCIA (0-10)	TIEMPO DEDICADO (0-10)	CONGRUENCIA (TIEMPO E IMPORTANCIA)
Relaciones familiares	10	5	Baja
Matrimonio/ pareja	8	9	Muy alta
Amistades y relaciones sociales			
Trabajo y carrera profesional			
Educación y desarrollo personal			
Tiempo libre y ocio			
Espiritualidad			
Ciudadanía, política e inquietudes sociales			
Ecologismo y naturaleza			
Salud y bienestar			

Rellenar esta tabla debe servirnos para ser conscientes de hasta qué punto estamos siendo congruentes con nuestros valores.

El efecto perspectiva

Cuando los astronautas norteamericanos empezaron a participar en misiones tripuladas a la luna, a finales de los años sesenta del siglo pasado, se observó que muchos de ellos, cuando volvían a nuestro planeta, presentaban una sensación de reverencia, autotrascendencia y profunda espiritualidad. La experiencia de ver la Tierra desde la luna como un diminuto punto en el espacio generaba un sentimiento de fragilidad y hermandad de la especie humana. A este fenómeno se lo denominó *efecto perspectiva (the overview effect)*. Y se comprobó que producía cambios psicológicos duraderos en las personas que lo experimentaban: les generaba una mayor preocupación por la trascendencia y la espiritualidad.

Hacia 1968, la Nasa empezó a difundir fotografías de la Tierra tomadas desde la luna. Al verlas, millones de personas empezaron a experimentar un sentimiento similar al de los astronautas, una sensación de que la humanidad es vulnerable, de que somos un punto diminuto en la inmensidad del universo, de que el destino natural de los seres humanos es la hermandad y el amor. Era el efecto perspectiva.

Juan o la irresistible atracción de la cima

Juan era uno de los grandes escaladores del país. Lo conocí durante el breve período en el que impartí los aspectos psicológicos de un máster de alta montaña. Había hecho cumbre en varios ochomiles, es decir, picos de más de 8000 metros de altitud. Acababa de regresar de una expedición en la que habían tenido graves dificultades, pues se había desatado una tormenta de nieve cuando se encontraban cerca de la cima. Aunque no había habido fallecidos, las circunstancias del rescate fueron extremas, y Juan había perdido varios dedos del pie por congelación y sufría secuelas en los dedos de la mano. Su familia y sus amigos habían temido por su vida y por la del resto de los miembros de la expedición.

Imaginé que me diría que se retiraba del alpinismo para siempre. Lejos de ello, me confesó que ya estaba haciendo planes con algunos de sus compañeros para una nueva y peligrosa escalada. No lo podía creer. Le pregunté qué aspecto de la montaña le atraía de una forma tan intensa como para arriesgarse así. Con una cara que mostraba arrobamiento, me contestó: «Javier, cuando estás en la cima de un ochomil y ves el mundo desde allí, la sensación que eso te produce es única. Entonces sabes que la vida tiene un sentido y que estamos en el mundo para algo. Nunca te irías de allí y siempre quieres volver».

En aquel momento era demasiado joven y no pude entenderlo, pero hoy sí sé que de lo que me estaba hablando era del efecto perspectiva.

He visto el efecto perspectiva cuando los peregrinos a Santiago de Compostela llegan al monte de Gozo o al pórtico de la Gloria. También pude comprobarlo en la plaza de San Pedro, en el Vaticano, y en la iglesia del Santo Sepulcro o en el muro de las Lamentaciones, en Jerusalén. Y, aunque lo haya observado en tantos sitios y a tantas gentes, nunca deja de asombrarme. Ocurre en lugares con una energía única, en los que millones de personas, a lo largo de la historia, se han preguntado: «¿Por qué estamos aquí?», «¿cuál es el sentido de mi vida?».

¿Alguna vez has experimentado el efecto perspectiva? En la vida, la perspectiva la da el final de la existencia, ya que antes de ese momento es difícil desarrollar una visión global. Si nos acordamos de cuando éramos adolescentes, comprobaremos que todo lo que nos pasaba entonces (rupturas de las parejas de la época, discusiones con amigos, asignaturas que suspendíamos en el colegio) lo vivíamos muy intensamente. Sin embargo, desde la perspectiva actual, aquellas experiencias nos parecen ahora irrelevantes.

Lo mismo podemos decir del tiempo presente. En estos últimos años hemos vivido una pandemia planetaria, estamos siendo testigos de una guerra en Europa... Son situaciones inauditas que, sin embargo, dentro de treinta años, cuando seamos ancianos, serán solo un recuerdo más.

LA ACCIÓN COMPROMETIDA

Muchas de las acciones de los seres humanos resultan infructuosas, cuando no contraproducentes. La razón es que se realizan sin motivación, pasivamente, sin decisión. Sin embargo, existen otras que se caracterizan por el compromiso del individuo con sus valores y se desarrollan con gran energía, por lo que muestran una mayor efectividad.

Por ejemplo, he visto a muchas personas con tabaquismo que querían dejar el hábito. La mayoría lo hacían por ellas mismas, para mejorar su salud, pero era una acción desligada de sus valores, sin energía. Y no conseguían su objetivo. Por el contrario, vi a otras (en general, mujeres) que habían tenido hijos recientemente y querían dejar de fumar para no perjudicarles. La acción estaba muy comprometida con el valor más importante para ellas, que era el cuidado de sus hijos. Por eso todas habían logrado abandonar el tabaco.

Conviene destacar que el compromiso no es un acto sin más de voluntad. Manejar esta idea puede bloquearnos a la hora de actuar, pues quizá nos haga pensar que tenemos poca fuerza de voluntad y acabemos desarrollando una actitud autocrítica o culpabilizadora. La acción comprometida no es eso. Debe mostrar estas tres características:

— Es una acción.
— Se basa en nuestros valores.
— Se ejecuta aquí y ahora, no en el futuro. Es decir, es posible, no un deseo imposible.

Os pongo un ejemplo. Imaginemos que mi valor principal son mis hijos, y tengo un trabajo que me ocupa muchas horas del día pero que no puedo dejar, pues no tengo otra opción laboral. No es lógico que me culpabilice o sufra por algo que no me es posible cambiar. Pero quiero hacer algo que sea coherente con mis valores dentro de mis circunstancias. Una acción comprometida sería, al llegar a casa, aunque fuese tarde y estuviese cansado, pasar media hora diaria con mis hijos, jugar con ellos o contarles un cuento antes de ir a la cama.

A partir de la identificación de los valores del individuo, y después de hacer una descripción narrativa de cómo piensa que deberían desarrollarse, se recomienda establecer algunas acciones basadas en estos valores. Las acciones comprometidas son actos que se pueden ejercer en el momento actual, sean cuales sean las circunstancias, y que expresan nuestros valores.

LOS PROYECTOS DE CARENCIA

Ya hemos comentado que hay personas que no tienen un claro sentido de la vida, y eso hace que sean vulnerables ante circunstancias adversas... que muchas veces acaban convirtiéndose en su sentido de la vida. En el otro extremo están los llamados *proyectos de carencia*. Ocurren en individuos que tienen un sentido de la vida aparentemente bien estructurado pero que es enfermizo. Y lo es porque desestabiliza los demás aspectos de su existencia. Esa actividad que les da sentido es tan absorbente que les impide disfrutar de una pareja satisfactoria, cuidar adecuadamente a sus hijos, hacer amigos o practicar aficiones. Y cuando el sentido se tambalea, la vida en su conjunto tiembla, pues dependía exclusivamente de un único proyecto. He descrito la historia de David en el capítulo 1. Describiré otro caso, el de Eustaquio, después del siguiente párrafo.

Cuando era adolescente, a los pocos meses del fallecimiento del dictador Francisco Franco, me enrolé en un sindicato de estudiantes de un partido de extrema izquierda, ilegal en ese momento. Toda mi generación vivió intensamente la Transición, y existía un gran compromiso con la democracia. En ese período conocí a muchas personas interesantes, auténticos luchadores por la libertad. Pero también conocí a individuos que utilizaban la política en su provecho. Y a otros, como el protagonista del caso que relataré a continuación, que usaban un ideal como la política para dotar de sentido a una vida que, muy en el fondo, sabían que no tenía sentido para ellos.

Eustaquio o la lucha contra la dictadura

Eustaquio era un peón de albañil de unos cincuenta y cinco años. Llevaba más de veinticinco en la lucha política contra la dictadura. Destacaba por su excepcional y desinteresada capacidad de trabajo, siempre dispuesto a realizar cualquier actividad que el partido le pidiese a costa de su familia y su tiempo libre. Era respetado por su entrega y su servicio a la causa.

Sin embargo, cuando llegabas a conocerlo mejor, saltaban a la vista algunas contradicciones. Su relación de pareja era pésima. Su mujer hacía muchos años que se sentía abandonada, pues Eustaquio siempre estaba «con cosas del partido»: confesaba que no se divorciaba porque, en aquella época, no estaba permitido en España. Sus hijos, ya veinteañeros, sentían escaso afecto por su padre, y le reprochaban que nunca

---

estuviese en casa. Eustaquio no tenía aficiones ni ningún otro estímulo fuera de la política; tampoco tenía amigos, solo los camaradas del partido, y solo mientras se dedicaba a actividades del partido. Porque, incluso en los momentos lúdicos, no era capaz de dejar el monotema de la política, lo único que estructuraba su vida.

Cuando, en junio de 1977, se celebraron las primeras elecciones generales, pese a las limitaciones de la joven democracia, el proceso se consideraba ya imparable. Muchas personas que se habían dedicado durante años a la lucha política estaban empezando a replantearse sus vidas y a incorporarse a una rutina normal, fuera de la clandestinidad.

Pero Eustaquio no tenía otras opciones, y sufrió una grave depresión, porque su mundo colapsaba. La llegada de la democracia y la legalización de su partido diluyó la importancia de sus años de *pelea*. Cuando volvió a casa descubrió que nadie lo esperaba: su mujer pidió el divorcio en cuanto se permitió, en 1981. Sus hijos no querían tener relación con él, pues se habían sentido abandonados. Fue perdiendo sus amistades en el partido: eran fruto de la camaradería surgida en tiempos difíciles, pero las circunstancias habían cambiado. Cuando pregunté por él unos pocos años después, me informaron que había fallecido solo y deprimido hacía ya tiempo. Su dedicación compulsiva a la política era una coartada que disfrazaba el vacío de su existencia.

He visto proyectos de carencia en muchos ámbitos. Pero son más frecuentes y creíbles cuando, como en el caso de Eustaquio, ocurren en contextos sociales y solidarios. La política, la religión y las ONG suelen ser buenos caldos de cultivo. Vistas desde fuera, son iniciativas tan generosas que justifican cualquier sacrificio, incluso la hipoteca de una vida. Pero, cuando uno mira de cerca, se da cuenta de que la vida de esa persona estaba vacía previamente y de que el proyecto solidario es la excusa que le permite no enfrentarse a ello. La imposibilidad de hacerse consciente de ese vacío y de llenarlo con un auténtico sentido, estructura y refuerza el proyecto de carencia, en una especie de huida hacia delante sin sentido. Cuando las circunstancias externas impiden el desarrollo del proyecto, como en el caso de Eustaquio al llegar la democracia, la vida del individuo se derrumba, porque todo estaba apoyado en una única y absurda columna.

EL LEGADO

Cada vez más personas están preocupadas por el llamado *legado:* lo que vamos a dejar en este mundo, aquello por lo que nos recordarán los seres que nos quisieron. Nuestro currículum no es lo que hemos estudiado ni los cargos que hemos desempeñado, sino nuestra biografía: las personas que amamos, aquellos a los que cuidamos y comprendimos, el bien que hicimos a los demás, nuestros esfuerzos para que este mundo fuese mejor.

Existe un proverbio chino que dice que, en el primer tercio de su vida, el ser humano está preocupado, principalmente, por el sexo. En el segundo, por la fama. Y, en el último, por el dinero, lo que lo convierte en avaro. Creo que, de una forma básica, esto es cierto, pero también lo es que, al final del camino, lo que queremos es sentir que hemos hecho algo en la vida que vale la pena, algo que nos sobrevivirá y que será bueno para otros. Es decir, queremos dejar un legado.

¿Qué querrías dejar tras tu paso por el mundo? ¿Cuál querrías que fuese tu legado?

PARÁBOLA: 'ALICIA EN EL PAÍS DE LAS MARAVILLAS'

Alicia en el país de las maravillas no es un cuento para niños, en contra de lo que mucha gente piensa. Es un libro iniciático, que incluye fragmentos increíbles y que fue escrito por el genio Lewis Carroll, el famoso autor británico del siglo XIX.

Uno de los fragmentos más interesantes, relacionado con este tema, se produce cuando Alicia, perdida en un país desconocido para ella, le pregunta al gato qué camino debe tomar:

—Minino de Cheshire —preguntó Alicia—, ¿me podrías indicar, por favor, hacia dónde tengo que ir desde aquí?

—Eso depende de adónde quieras llegar —contestó el Gato.

—A mí no me importa demasiado a dónde… —empezó a explicar Alicia.

—En ese caso, da igual qué camino escojas —interrumpió el Gato.

—Siempre y cuando llegue a alguna parte —terminó Alicia a modo de explicación.

—¡Oh! Siempre llegarás a alguna parte —dijo el Gato— si caminas lo bastante.

Lo que el Gato le quería hacer entender a Alicia es que, si uno no sabe adónde quiere ir, nunca sabrá que ha llegado y seguirá toda la vida dando vueltas.

¿Has conocido a muchas personas así? Yo, a miles. De hecho, la mayoría de la gente funciona como Alicia: no tiene claro adónde quiere ir en la vida.

PRÁCTICA 1: IDENTIFICAR LOS VALORES Y EL SENTIDO DE LA VIDA. 'EL ANCIANO'

Para que no nos pase como a Alicia e intentemos conocer cuál es nuestro sentido de la vida y nuestros valores, esta práctica, llamada *El anciano,* es especialmente útil. La recomendación es realizarla cada seis meses, para ir observando cómo se alinea nuestra vida con nuestros valores, es decir, si somos coherentes con nuestro sentido de la vida.

Adopta tu postura de meditación habitual. Toma conciencia del cuerpo de forma global y realiza unas cuantas respiraciones conscientes. Imagina delante de ti una pantalla de cine negra, gigante, donde se van a empezar a proyectar imágenes.

— Tienes diez años. Recrea de la forma más fidedigna posible el aspecto físico que tenías a esa edad, la casa donde residías o a tus amigos. Permanece unos segundos reconstruyendo esa escena y tus sentimientos de entonces. Intenta recordar cómo imaginabas que serías de mayor, cómo querías que fuese tu vida de adulto. Quédate unos instantes tratando de recordar ese período. Poco a poco, la imagen va desapareciendo.

— Tienes veinte años. Estabas empezando en la universidad o en el trabajo. Recrea tu aspecto físico a esa edad, la casa donde residías, los amigos que tenías. Permanece unos segundos reconstruyendo esa escena. Recuerda qué querías hacer entonces con tu vida, qué era lo importante para ti a esa edad. Dedica unos instantes a reconstruir la escena e identifica esos pensamientos. La imagen va desapareciendo.

— Tienes treinta años. A esa edad ya empiezas a estar instalado en tu vida laboral y, en lo personal, es probable que tengas ya una relación estable e incluso hijos. Recuérdate en aquella etapa y recrea cómo eras entonces, así como el lugar donde residías y las personas más cercanas de tu entorno. Permanece en esa escena unos segundos. Evoca cuáles eran tus valores entonces, qué era lo más importante para ti. Mantente unos instantes identificándolos. Poco a poco, la escena se va diluyendo.

— Tienes cuarenta años. A esa edad uno es consciente de que muchas cosas que quería alcanzar no podrá tenerlas nunca. En parte, ese es el origen de la crisis de los cuarenta. Recuerda ese periodo o imagina cómo será si aún no has llegado a esa edad. Plantéate cuáles eran tus valores o qué será lo importante para ti en ese momento. Nos mantenemos algún tiempo pensando en ello hasta que la imagen desaparece.

— Tienes sesenta y cinco años. Acabas de jubilarte, tu vida laboral ha terminado. Lo más habitual es que el trabajo deje de ser uno de los valores principales y mucha gente no tenga claro con qué sustituirlo. Imagina cómo será ese momento: dónde vivirás, con qué personas estarás. Piensa en tus valores de entonces. Elabora esas ideas durante algún tiempo, hasta que todo desaparezca.

— Tienes ochenta y cinco años. Has llegado al final de tu camino, sabes que no vivirás mucho más tiempo. Ahora puedes tener una perspectiva global de lo que has hecho en este mundo. Piensa cómo serán las cosas entonces. Dónde estarás viviendo y con quién, qué personas serán importantes para ti en ese período. Plantéate, desde la perspectiva en la que te encuentras, qué será lo más importante para ti, cuáles serán tus valores. Nos mantenemos un rato pensando cómo veremos, desde ese momento único, toda nuestra vida. Lo que en ese momento nos hará sonreír, lo que nos hará concluir que hemos llevado una vida que ha merecido la pena: esos son nuestros valores. Intenta resumirlos en una o dos frases y memorízalas para repetírtelas cada día por las mañanas.

Nos quedamos algunos segundos reflexionando sobre los valores al final de nuestra existencia y pensamos hasta qué punto son diferentes esos valores con respecto a la vida que llevamos en la actualidad. Si seguimos como hasta ahora, ¿al final del trayecto lograremos ser coherentes con nuestros valores o tenemos que hacer cambios? Es posible que debamos dedicar más tiempo a los valores más importantes y menos a otros que no lo son. Formulamos de nuevo una frase que resuma este tema.

Poco a poco, la imagen desaparece. Percibimos la respiración durante unos segundos y sentimos el cuerpo de forma global. Cuando queremos, abrimos los ojos y nos movemos.

Práctica 2: Repetirse los valores cada día por la mañana

Si hemos podido realizar la práctica del anciano y hemos identificado con claridad nuestros valores al final de la vida y los hemos resumido en dos frases, la práctica consiste en repetirnos esas frases cada mañana cuando nos levantemos. Si lo hacemos, servirá para que la vida no nos atrape a diario, para que nunca perdamos el norte y recordemos siempre lo importante. De esta forma, independientemente de que nos vaya mejor o peor (acuérdate del eje del éxito de Viktor Frankl), siempre tendremos en cuenta nuestros valores (el eje del sentido) y recordaremos lo que es importante.

Recuerda

► Es importante en la vida tener un claro propósito y unos valores y ser coherente con ellos.

► Existe una gran diferencia entre objetivos (metas concretas que se consiguen o no) y valores (aspiraciones vitales que nunca se alcanzan y que orientan nuestra vida). Los primeros son causa de sufrimiento; los segundos, de bienestar.

► Si no tenemos claro el sentido de nuestra vida, cualquier circunstancia adversa puede convertirse en ese sentido. Pero también podemos acabar desarrollando *proyectos de carencia*.

► La práctica del anciano nos permitirá conectar con nuestros valores y nuestro sentido de la vida. Repetirnos cada mañana esos valores facilitará que nunca perdamos el norte y sepamos lo que es importante, independientemente de las circunstancias que tengamos que experimentar.

10
MANTENERSE BIEN TODA LA VIDA

Un viaje de mil millas
empieza por un simple paso.
Proverbio chino

L
a vida es un viaje, el más importante de todos los que realizaremos; por eso es único. Todos sabemos cuándo empieza, con nuestro nacimiento; pero nadie sabe cuánto durará. Es un viaje en el que atravesaremos múltiples paisajes: unos serán agradables, y querremos quedarnos a reposar en ellos; otros serán adversos, y desearemos huir de allí cuanto antes. Nos encontraremos a muchas personas en el camino: algunas nos acompañarán gran parte del trayecto, mientras que con otras solo compartiremos unos kilómetros. Habrá con quienes haremos buenas migas... y con quienes la relación será pésima.

Nada de todo esto podemos controlarlo. Lo único de lo que sí somos dueños es de nuestras acciones. Aunque luego la vida nos lleve por distintos caminos, es muy importante saber adónde queremos ir, algo que, por increíble que parezca, la mayoría de la gente desconoce. Por eso muchos nunca llegan a ningún sitio, como hemos comentado en el capítulo anterior.

Una de las mayores dificultades en la práctica del bienestar psicológico consiste en incorporar determinados ejercicios al día a día y mantenerlos para siempre. Los estudios existentes y la experiencia clínica y docente sobre la constancia en la aplicación de técnicas como el *mindfulness* sugieren que menos del 30% de las personas que se han formado en la materia conservan una práctica regular a los doce meses, aunque, pasados cinco años, solo siguen comprometidos menos del 5%. Como puedes imaginar, la cifra disminuye aún más a los diez, veinte o treinta años. ¿Te parece extraño?

El problema del mantenimiento de la práctica a lo largo del tiempo no ocurre solo en aspectos relacionados con el bienestar psicológico, sino también en otros muchos ámbitos. ¿Cuál es tu experiencia sobre el compromiso en otros temas? Por ejemplo, ¿te es difícil mantener hábitos de vida saludable, como el ejercicio físico regular o una dieta sana? O, en relación con la actividad artística, ¿te resulta fácil ser constante en el interés por tocar un instrumento musical, por el teatro o por la danza? Estas dificultades las encontrarás en cualquier actividad humana. Seguro que has oído muchas veces a artistas y profesionales decir que lo difícil no es llegar, es decir, tener éxito, sino mantenerse a lo largo del tiempo.

En los primeros meses, el compromiso con la práctica de estas técnicas suele ser intenso y frecuente, pero, con el tiempo, va espaciándose cada vez más y acortándose su duración. Siempre acabamos encontrando razones que justifiquen el abandono, un proceso entendible, pues nuestro tiempo es limitado y existen infinidad de actividades entre las que elegir y que pueden resultarnos satisfactorias.

Así, por ejemplo, en el proceso de abandono de las adicciones, las recaídas se consideran una fase más del proceso de curación, algo casi inevitable. De la misma forma, en las técnicas para el bienestar psicológico, el abandono de la práctica debe ser considerado como una fase más del proceso de aprendizaje. Uno tiene que prepararse para cuando eso llegue, tiene que emplear medidas preventivas desde el primer momento.

Hay algunas experiencias que resultan especialmente intensas y que producen un gran impacto en la vida del individuo. Las más importantes son las llamadas *experiencias cercanas a la muerte*. Suelen ocurrir ante enfermedades o accidentes que requieren el ingreso en unidades de cuidados intensivos. Estas personas —se calcula que ya son más de diez millones en el mundo— sienten que salen de su cuerpo y viven la reanimación desde fuera. A menudo, la experiencia, que suele resultar agradable, desemboca en la visión de un túnel con luz al final y con la disyuntiva de volver a la vida o seguir adelante hacia la luz.

Quienes han pasado por esta experiencia suelen aplicar cambios radicales en su vida, en el sentido de ser más espirituales y preocuparse menos por lo material o de dedicar más tiempo a estar con los seres queridos y menos esfuerzo a su proyección profesional. La mayoría de nosotros no hemos sentido algo así; como mucho, hemos tenido revelaciones o epifanías, de las que hemos hablado anteriormente. Habrán sido de mayor o menor intensidad y les habremos hecho caso o no, pero nunca suponen semejante impacto en la conducta. Por eso es tan importante el esfuerzo por mantener el compromiso.

La estrategia del peregrino

Una de las experiencias más increíbles en la vida de cualquier ser humano es el peregrinaje a lugares sagrados o a sitios valiosos para uno mismo, según sus creencias. He tenido la oportunidad de realizar distintos peregrinajes a lo largo de mi existencia, de mayor o menor duración: desde el Camino de Santiago o Jerusalén, hasta Lhasa, en el Tíbet, o Benarés y Arunachala, en la India. Todos ellos fueron fascinantes y generadores de un importante cambio en mi interior.

Cuando los peregrinos se encontraban en el Camino de Santiago, solían decirse dos frases para desearse éxito en su aventura, ya que, en la época medieval, el viaje suponía la gran gesta de la vida. Una era «buen camino», cuyo significado es obvio; la otra, «ultreya», en latín, que en español significa 'más allá'. Esta segunda jaculatoria era mucho más profunda y realista, ya que lo que verdaderamente se deseaba era coraje y valor para sobreponerse a las adversidades y los desafíos que, sin duda, uno tendría que encontrarse en el trayecto. Pero ¿qué hay que hacer para tener un buen camino y no perderse?

Un peregrino siempre sigue una estrategia, y tiene en cuenta dos puntos:

— El lugar adonde quiere llegar y que es el final de su camino, su destino. Por ejemplo, Santiago de Compostela.
— La próxima etapa donde parará a descansar, a evaluar lo que le queda hasta su destino y a confirmar que

está siguiendo correctamente el camino. Por ejemplo, Jaca, dentro del Camino de Santiago por Aragón.

Ambos son imprescindibles: es necesario saber cuál es nuestro destino, pero también resulta imprescindible evaluar periódicamente si estamos *dentro* del camino y cuánto tiempo y esfuerzo nos va a llevar la etapa en la que nos encontramos. Planificar el viaje permite que no nos salgamos del recorrido, que no perdamos el tiempo ni nos extraviemos. A lo largo del trayecto existen múltiples distractores que pueden provocar no solo que nos desviemos, sino también que olvidemos completamente el destino.

Otros aspectos importantes de la estrategia del peregrino y que también analizaremos son:

— Recordar nuestro propósito y evaluar nuestra conducta en relación con la meta todos los días.
— Realizar el camino con gente. Por supuesto, es posible ir solo, pero resulta mucho más fácil y efectivo realizar el camino acompañado.
— Reforzar la motivación visitando los monumentos existentes en las paradas, como las iglesias y los lugares santos de las etapas del Camino de Santiago. Son un anticipo de lo que encontraremos al final.
— Ayudar a la gente durante el recorrido para nunca olvidar que el camino como tal es el destino final: no es solo un medio, es el propio objetivo.

Recomendaciones para mantener el compromiso con el bienestar psicológico

Son múltiples las medidas que pueden emplearse para mantener el compromiso con la práctica. En general, y siguiendo lo que hemos denominado *estrategia del peregrino,* pueden clasificarse en los grupos que veremos a continuación.

1. La meta final: Generar una intensa motivación conectada con nuestros valores

Para que cualquier actividad se mantenga en el tiempo, debe tener un puesto relevante dentro de nuestro sentido de la vida, es decir, con respecto a nuestra meta final. Por eso es importante revisar, de vez en cuando, nuestros valores y analizar el papel que las prácticas de bienestar tienen en ellos. Lo que la experiencia nos enseña es que las personas que mantienen prácticas como el *mindfulness* durante años son las que poseen un claro sentido de vida vinculado a dichas prácticas (como los practicantes de tradiciones religiosas orientales).

2. La etapa siguiente: Tener claros los objetivos intermedios

Ya sabemos adónde queremos llegar, pero ahora hay que dividir ese objetivo en etapas y ponerles plazo. Hay dos formas de hacerlo:

— Por tiempo: por ejemplo, pensando en los próximos tres o cinco años, o incluso en el próximo año. Podemos identificar actividades u objetivos relacionados con nuestra meta que sean coherentes con ella. La dificultad es calcular el tiempo que nos llevará un objetivo: si la exigencia es mucha, nos desmotivaremos; si es poca, lo dejaremos todo para el final y no avanzaremos.

— Por objetivos: aquí lo importante no es el tiempo, sino las actividades concretas. Tienen que ser metas relevantes y bien elegidas, y hay que otorgarles un rango y un tiempo razonables.

En ambos casos, lo importante no es tanto conseguir el objetivo (por ejemplo, dedicarle un tiempo concreto a una práctica específica de forma semanal), como que ese hecho acabe siendo algo importante para ti, algo que eches en falta si no lo incluyes en la rutina de tu vida.

3. Recordarnos nuestro propósito y hacer balance todos los días

Si hemos realizado ejercicios para contactar con nuestros valores, como el del anciano ya descrito, habremos podido resumir nuestros valores en una o dos frases. La idea es que, cada mañana, iniciemos la jornada recordando cuál es nuestro sentido de la vida, qué es lo importante para nosotros.

Para que siempre intentemos que los temas menores no nos atrapen y tengamos como referencia la brújula del sentido de nuestra existencia, estas dos prácticas son útiles:

— Recordarnos cada mañana las dos frases que resumen nuestro sentido de la vida para tenerlo siempre presente.
— Evaluar brevemente, cuando nos acostemos, si ese día, esa microetapa, nos ha acercado a nuestro sentido de la vida.

4. REALIZAR EL CAMINO CON GENTE: EL APOYO DEL GRUPO

Como cualquier actividad humana, el desarrollo del bienestar psicológico es más fácil practicarlo de forma grupal. Cualquiera de las técnicas que describimos es mucho más sencilla de mantener si, aparte del ejercicio individual, se combina con el grupal. Desde los inicios de la tradición meditativa, se ha enfatizado la importancia del grupo de práctica (denominado *sangha* en sanscrito). Las meditaciones así son más intensas y profundas que las individuales: el grupo crea un apoyo y una obligación que facilita mantener la práctica.

Para todas estas actividades, la ayuda de las nuevas tecnologías puede ser importante. De hecho, existen grupos virtuales que fomentan los foros de discusión o la asistencia virtual a actividades que se transmiten por internet en tiempo real o que pueden almacenarse en vídeo para que sea posible realizarlas cuando uno quiera. En ambos casos, la opción de practicar en grupo, aunque sea virtualmente, permite obtener algunos de los beneficios que hemos descrito. Por eso, una de las decisiones más eficaces de cara a incluir el bienestar psicológico en general o el *mindfulness* en particular en nuestra rutina es pertenecer a un grupo de buscadores comprometidos con la práctica. Otro aspecto importante es mantener una relación fluida con algún instructor, aunque sea por correo electrónico, de forma que sea factible plantear toda clase de dudas.

5. REFORZAR LA MOTIVACIÓN REALIZANDO ACTIVIDADES RELACIONADAS CON LA PRÁCTICA

Resulta muy útil leer periódicamente libros o artículos sobre bienestar psicológico o asistir a conferencias y cursos sobre el tema. Pero, en mi opinión, lo que más fideliza la práctica es la realización de retiros anuales. Son períodos en los que uno conecta con uno mismo y refuerza y actualiza sus valores y su sentido de vida, todo ello con el beneficio de hacerlo en grupo. Un retiro al año se considera una cifra mínima recomendable. Inicialmente, es mejor que sean cortos (de uno o dos días) y que, posteriormente, sean más largos (de tres a cinco días).

6. LA AYUDA A OTROS DURANTE LA VIDA

Ayudar a otros y preocuparse por su bienestar es la actividad aislada que más se relaciona con la felicidad y el bienestar psicológico. Una excelente forma de mantener la práctica consiste en convertirla en parte de la profesión. Hay muchas oportunidades para conseguir que la ayuda a otros sea una parte importante de nuestra actividad laboral. Y también se puede desarrollar de forma específica en muchas ONG o instituciones similares. Vale la pena reflexionar sobre ello.

Finalmente, un aspecto importante es asumir que la vida es muy larga, que todos tenemos etapas de cambio y que existirán épocas de nuestra vida en las que incluso prácticas bien arraigadas, como pueda ser el *mindfulness,* tendrán menos importancia para nosotros. Debemos asumir que la vida es una carrera de fondo y que habrá baches periódicos. Los expertos afirman que cada diez años necesitamos cambiar de actividad y de entorno para evitar la desmotivación; algo parecido puede ocurrir con nuestra práctica del bienestar psicológico.

MANU, EL PEREGRINO DE SANTIAGO

Uno de mis grandes amigos es Manu Mariño. Gallego hasta el tuétano, es una de las mejores personas que he tenido la suerte de conocer en mi existencia. Su vida es un camino, y el Camino de Santiago es su vida.

Ha hecho el Camino de Santiago decenas de veces, y por casi todas las rutas: la francesa, la portuguesa... También, la ruta del norte o la primitiva. Varias veces lo ha conseguido en silencio absoluto, portando un cartel que explicaba a la gente su voto, de forma que en los albergues le servían por señas.

Manu es uno de los seres humanos que conozco que representan todo lo que he descrito en este libro

---

y que confirma que una vida plena, feliz, compasiva con uno mismo y solidaria con los demás es posible, no una utopía.

Cada vez que lo abrazo, siento que estoy abrazando el mundo, a cada uno de los seres que lo forman, y que todos somos lo mismo. Y siempre que lo veo comprendo que, con personas como él, el planeta es un lugar más amable, más hermoso. No está solo. Hay millones de personas como Manu, gente anónima que rema para que la Tierra sea un lugar mejor. Nosotros también podemos ser como ellos, es una cuestión de compromiso.

CULTIVAR UN DESTINO

Cuando acabé de estudiar Medicina, mis profesores me insistían en que, aunque sintiese que aún no tenía suficiente capacitación para ser un buen médico, actuase como si fuera uno de ellos. A pesar de que no estaba muy convencido de ello, así lo hice, y pronto escuché a mis pacientes afirmar que era un buen profesional. Lo mismo he oído en otros aspectos de la vida sobre tantas personas: artistas recomendando a los aprendices desempeñarse como lo haría un grande del oficio, aunque sientan que no lo son. O maestros espirituales que recomiendan a sus discípulos comportarse con bondad, porque así se convertirán en personas bondadosas. Esto, en psicología, se llama *modelado:* si actúas como si fueras algo, acabarás convirtiéndote en ese algo. Es cuestión de tiempo y de hábitos.

Esa comprensión es tan antigua como el ser humano. Un proverbio chino, que se atribuye al sabio chino Lao-Tse, fundador del taoísmo, afirma:

Cultiva un pensamiento y tendrás una acción,
cultiva una acción y tendrás un hábito,
cultiva un hábito y tendrás un carácter,
cultiva un carácter y tendrás un destino.

Estos son algunos de los aspectos del funcionamiento de la mente que se modifican en el individuo que practica las técnicas del bienestar psicológico. Pueden servir para monitorizar el progreso en la práctica, pero no te recomiendo que los uses para comprobar *si has conseguido o alcanzado algo.* Lo que sí te aconsejo es que los uses como modelo e intentes actuar así cuando te sea posible, como si ya hubieses cosechado el resultado.

— La aparición del *testigo.* Consiste en que una parte de nuestra mente (el *observador*) aparezca como testigo de todo lo que pasa, como un notario objetivo, no implicado, de los procesos mentales y corporales. De esta forma, se cumple una de las máximas del *mindfulness* que dice que nosotros no somos nuestros pensamientos y emociones, con los que estamos absolutamente identificados, sino lo que observa nuestros pensamientos y emociones.
— Menor actividad de los procesos mentales. La atención hace que los procesos mentales disminuyan y ocurran de forma más lenta, por lo que pueden ser

mejor identificados y comprendidos por el individuo. Lo mismo ocurre con el diálogo interno, sobre
todo con los pensamientos *rumiativos,* que cada vez
van a tener una fuerza menor. La mente no está continuamente hablando consigo misma, por lo que empieza a aparecer un silencio interno, con la sensación
de bienestar que lo acompaña. Pasamos menos tiempo centrados en el pasado o en el futuro, pues comprendemos que no existen, y no nos distraemos intentando explicarnos por qué nos han sucedido las
cosas, ya que entendemos que el diálogo interno solo
pretende mantener la *sensación de control.*

— Menor identificación con los procesos mentales. Comprendemos que, independientemente de su contenido,
los pensamientos y las emociones, si los observamos,
desaparecen en segundos. Por tanto, son fenómenos
sin realidad objetiva. No sentimos ira, sino que observamos cómo aparecen sentimientos de ira; no pensamos que somos un fracaso, sino que observamos
cómo aparecen pensamientos de baja autoestima.

— Mejor regulación de las emociones. La atención permite observar cómo aparecen las emociones, permite identificar qué tipo de emoción es en cada caso
(ira, tristeza...) y los efectos que produce en el cuerpo y en la mente. En vez de quedarnos atrapados en
los pensamientos que produce la emoción y rumiarlos
en un ciclo interminable, el *mindfulness* permite observar de forma distanciada los cambios corporales
que provoca, hasta que van perdiendo fuerza y desapareciendo.

— Desarrollo de una actitud de aceptación. Esta actitud nos permitirá aceptarnos a nosotros mismos, con los aspectos negativos que no nos gustan —sin negarlos ni rechazarlos— y, también, asumir la realidad externa, incluidos los otros seres vivos, aunque no coincida con nuestras expectativas.

— Sensación de paz y bienestar y desarrollo del *interser* o de la consciencia compartida. Todo lo anterior conlleva que el individuo desarrolle una mayor sensación de paz y bienestar. Pero no por ello deja de practicar, ya que disfruta de la acción en sí misma. Nuestra conexión con el cosmos y con la humanidad se acentuará. Nos sentiremos parte del todo y, por tanto, responsables de que este mundo vaya mejor y de que las personas que lo habitan puedan ser más felices.

PARÁBOLA: EL LEÑADOR

Un leñador estaba cortando leña en el bosque con un hacha. Tenía docenas de troncos ya partidos, pero aún le quedaban muchos más sin cortar: era obvio que no iba a poder terminar tanto trabajo ese día, así que estaba agotado y malhumorado.

Un maestro de la meditación acertó a pasar por allí y vio la escena. Fue consciente del enorme esfuerzo que estaba realizando el leñador, pero también se

---

dio cuenta de que el hacha estaba poco afilada y de que esto enlentecía el trabajo y aumentaba su esfuerzo innecesariamente. Amablemente le comentó:

—Leñador, no quiero molestarte, pero ¿te has dado cuenta de que tu hacha no está lo suficientemente afilada?

—¿Te crees que no me he dado cuenta de eso? ¿Pero no ves que ahora no tengo tiempo? Mira toda la leña que me queda aún por cortar —dijo, enfadado, señalando los troncos enteros—. Cuando acabe todo, la afilaré.

Moraleja: las circunstancias de la vida están continuamente demandando nuestra atención y pueden compararse a la leña que nos queda por cortar. Los seres humanos tendemos a quedarnos atrapados en los asuntos de cada día, sin ver la escena completa. Por eso es tan importante parar y pensar: reflexionar sobre qué queremos hacer con nuestra existencia (es decir, afilar el hacha), para, a continuación, ser mucho más eficaces en la consecución de ese objetivo.

Este libro es como el maestro que recomienda al leñador que afile el hacha de la mente, y, además, nos dice cómo hacerlo. Pero solo nosotros podemos decidir si queremos seguir el consejo.

Práctica: El *mindfulness* y su relación con tus valores

Adopta la postura de meditación habitual y haz varias respiraciones. Si previamente has realizado prácticas como la del anciano, recuerda cuáles son tus valores más relevantes. Si no las has hecho, reflexiona sobre lo que es importante para ti en la vida, sobre aquello por lo que te gustaría ser recordado. Piensa en tus dos o tres principales valores y en cómo el *mindfulness* te puede ayudar a ser coherente con ellos.

Imagina tu vida futura, en los próximos diez, veinte o treinta años practicando *mindfulness* de forma regular. Plantéate cómo será esa vida en cuanto a felicidad y coherencia con tus valores. Permanece pensando en ello unos segundos.

Ahora imagina tu vida futura, los próximos diez, veinte o treinta años, sin practicar *mindfulness*. Piensa cómo puede ser tu vida en términos de felicidad y de coherencia con tus valores. Mantén unos segundos esa reflexión.

Dibuja mentalmente momentos futuros en los que dudarás si mantener la práctica y piensa en las principales razones que te darás para abandonarla. Conecta con tus valores y con cómo imaginas tu vida futura para motivarte a continuar practicando. Poco a poco, cuando quieras, vuelve a la respiración y abre los ojos.

Recuerda

► La vida es como un camino iniciático, una peregrinación.

- ► Los peregrinos utilizan una serie de estrategias que les ayudan a mantenerse en el camino de la mejor forma posible.
- ► Es importante tener claro el sentido de nuestra vida, identificar las metas intermedias y recordarnos cada día si estamos en el buen camino.
- ► También es importante encontrar compañeros de viaje, motivarse con actividades relacionadas con el bienestar y realizar la estrategia más importante para sentirse bien: ayudar a la gente.

Aquí se acaba este libro. Recuerda que todos somos caminantes, peregrinos en el camino de la vida. Como decía el gran poeta Antonio Machado:

Caminante, no hay camino.
Se hace camino al andar.

Cada uno construye su propio camino y no puede usar el camino de otros, aunque sí sus enseñanzas. Te deseo que se cumplan todos tus sueños y que ojalá lo que aquí hayas leído pueda ayudarte en algo a cristalizarlos.

'ULTREYA!'.

www.ingramcontent.com/pod-product-compliance
Lightning Source LLC
Chambersburg PA
CBHW022148040525
25992CB00022B/14